SE
ALGUÉM
TIVER
SEDE,
VENHA
A MIM
E BEBA
(Jo 7,37)

ALBERTO CASALEGNO

SE ALGUÉM TIVER SEDE, VENHA A MIM E BEBA

(Jo 7,37)

LINHAS BÁSICAS
DA ESPIRITUALIDADE
NO EVANGELHO
DE SÃO JOÃO

Edições Loyola

Dados Internacionais de Catalogação na Publicação (CIP)
(Câmara Brasileira do Livro, SP, Brasil)

Casalegno, Alberto
 Se alguém tiver sede, venha a mim e beba : Jo 7,37 : linhas básicas da espiritualidade no Evangelho de São João / Alberto Casalegno. -- São Paulo, SP : Edições Loyola, 2023.

 ISBN 978-65-5504-277-1

 1. Bíblia - Estudo 2. Bíblia - N.T. - Evangelho de São João 3. Espiritualidade 4. Evangelho 5. Jesus Cristo - Ensinamentos I. Título.

23-160917   CDD-226.507

Índices para catálogo sistemático:
1. Evangelho de João : Comentários   226.507

Tábata Alves da Silva - Bibliotecária - CRB-8/9253

Preparação: Paulo Fonseca
Capa e diagramação: Ronaldo Hideo Inoue
 Composição sobre a imagem (editada)
 de © smoke666 | Adobe Stock.
Revisão: Fernanda Guerriero Antunes

Edições Loyola Jesuítas
Rua 1822 nº 341 – Ipiranga
04216-000 São Paulo, SP
T 55 11 3385 8500/8501, 2063 4275
editorial@loyola.com.br
vendas@loyola.com.br
www.loyola.com.br

Todos os direitos reservados. Nenhuma parte desta obra pode ser reproduzida ou transmitida por qualquer forma e/ou quaisquer meios (eletrônico ou mecânico, incluindo fotocópia e gravação) ou arquivada em qualquer sistema ou banco de dados sem permissão escrita da Editora.

ISBN 978-65-5504-277-1

© EDIÇÕES LOYOLA, São Paulo, Brasil, 2023

Mesmo no tempo da velhice
darão frutos, cheios de seiva e
de folhas verdejantes.
(Sl 92,15)

A todos os pobres do Brasil
acometidos pela Covid-19.

SUMÁRIO

PREFÁCIO 9

Capítulo 1
JESUS, O ROSTO MISERICORDIOSO DO PAI 15
1. O que o leitor percebe na leitura rápida do evangelho 16
2. O que Jesus diz de si mesmo 18
3. O que dizem de Jesus os personagens da narrativa 26
4. O que a comunidade joanina diz de Jesus 27
5. De Jesus aos evangelhos 35
6. O fascínio do anúncio cristão 39

Capítulo 2
ACREDITAR 41
1. Variedade de linguagens 42
2. Pressupostos para crer 44
3. Variedade dos caminhos de fé 49
4. Os frutos do crer 62
5. A incredulidade 66

Capítulo 3
AMAR 69
1. Deus é amor 69
2. Amor ao próximo 76
3. A unidade 87

Capítulo 4

PERMANECER ... 95

1. Cristo permanece para sempre ... 95
2. Permanecer com Jesus ... 97
3. Permanecer em Jesus e produzir fruto ... 98
4. Permanecer em Deus e a perfeição do amor ... 102
5. Consequências do permanecer em Jesus ... 104

Capítulo 5

TESTEMUNHAR ... 115

1. A missão dos discípulos ... 115
2. Jesus, fecundidade de toda missão ... 125
3. Testemunho da comunidade e judaísmo incrédulo ... 126
4. Perene necessidade do testemunho ... 128

Capítulo 6

ESPERAR ... 131

1. Jesus, esperança que jamais se apaga ... 132
2. A casa do Pai ... 139
3. Seremos semelhantes a ele ... 143
4. Na espera de Jesus ressuscitado ... 150

PARA CONCLUIR ... 153
BIBLIOGRAFIA ... 161
ÍNDICE DOS AUTORES ... 165
ÍNDICE ANALÍTICO ... 167

PREFÁCIO

A vida cristã começa com a aceitação do anúncio gozoso do evangelho. Nele, proclama-se que Deus ama todos os seres, gratuitamente e sem distinção, e manifesta seu amor com o envio do seu Filho Jesus, que, morrendo na cruz, vence a morte e ressuscita, realizando a salvação de todos. Trata-se de uma mensagem que dá júbilo e esperança, destacando que o ser humano não está sozinho neste mundo, mas que Deus cuida dele e o acompanha nas peripécias da existência. De fato, a humanidade não está fechada em si mesma, mas aberta para o transcendente.

Ser cristão não consiste na aceitação de uma série de verdades reveladas, tampouco em cumprir particulares obrigações que pertencem a certo tipo de cultura. Exige-se, em primeiro lugar, um encontro com Jesus Cristo, reconhecido como Senhor e Salvador. Mais do que um "encontro", no qual o indivíduo toma a iniciativa, é necessário "ser encontrado" por Jesus, que continua interpelando interiormente cada ser para lhe revelar o mistério da sua pessoa, como aconteceu com Paulo no caminho de Damasco. Com efeito, é sempre o Ressuscitado que bate na porta do coração humano, o qual, acolhendo o hóspede que se lhe aproxima, consegue dar uma resposta à sua inquietação interior, descobrindo o significado último da vida à luz da palavra da revelação.

Acontece que a fé frágil, aceita por tradição – preciosa herança da infância, mas insuficiente para superar as propostas aliciadoras da vida deste mundo –, se torna, aos poucos, forte e robusta, capaz de enfrentar os desafios da existência. De fato, uma experiência genuína de Jesus Cristo deixa sua marca significativa no fiel, abrindo-o para o mistério insondável de Deus que se manifesta.

Fazer experiência, segundo a etimologia do termo que vem da língua latina (*experior*), significa testar, passar através, conhecer de forma direta uma realidade nova, ainda não plenamente explorada, entrar em diálogo com situações desconhecidas, estabelecendo novas relações que modificam a vida[1]. A experiência é uma espécie de viagem que acontece no âmbito afetivo, intelectual, artístico, e ocorre também no âmbito religioso[2].

Toda verdadeira experiência de Cristo começa com a escuta da Palavra, deixando-se dirigir pelo Espírito Santo, que é o mestre precioso em cada aventura espiritual, até alcançar um contato vivo, uma relação personalizada com Jesus, reconhecido como o enviado do Pai. Sem isso, a fé não chega à sua dimensão plena[3]. Não se trata apenas de ler a palavra, mas de escutá-la em silêncio, permitindo que ela mesma fale, trazendo à tona as profundezas do nosso ser, indicando o caminho, revelando o mistério que sobrepuja toda pessoa, conferindo a certeza de que a vida humana tem sentido. A experiência, talvez dura no começo, com o tempo e com a dedicação, torna-se saborosa e doce como o mel (Ap 10,9). O resultado, inevitavelmente sempre parcial, proporciona a descoberta de novas perspectivas e de valores nunca imaginados, junto com uma alegria incomum e uma luz desconhecida que recompensam todos os esforços feitos.

A experiência atinge não somente a dimensão sensível do ser, mas penetra no seu íntimo, envolvendo intelecto, vontade e afetos, unificando gradativamente todos os sentidos. A pessoa dá-se conta de que não se trata do simples fruto dos seus anseios interiores, mas de uma realidade que vem de fora, repentina e inesperada, da pérola preciosa, para a qual vale a pena vender tudo para comprá-la (Mt 13,45). É o próprio Jesus que se revela, purificando a existência. Não se trata de algo verificável com instrumentos humanos, como acontece no mundo da ciência, no qual todas as vezes que se colocam os pressupostos se realiza o resultado[4]. De fato, à medida que o ser humano se afasta do mundo sensível, as provas da verdade de uma realidade espiritual tornam-se sempre mais difíceis de serem determinadas, sem, todavia, serem menos verdadeiras.

É necessário, portanto, como realça Charles de Foucauld, "impregnar-nos do espírito de Jesus, lendo e relendo, meditando e remeditando, sem cessar, as

---

1. A tradução para o alemão do termo "experiência" – *erfahrung* – tem em si a raiz da palavra "viajar" – *fahren* –, que significa deixar a vida corriqueira para entrar num mundo novo.
2. SCHMITZ, E. D., Conoscenza, esperianza, in: *Dizionario dei concetti biblici del Nuovo Testamento*, Bologna, Dehoniane, 1976, 343-359.
3. GARCIA, J. M., La teologia spirituale oggi, Verso una descrizione del suo statuto epistemologico, *Teresianum* v. 52 (2001) 205-238. Disponível em: <https://www.teresianum.net/wp-content/uploads/2016/05/Ter_52_2001-1_2_205-238.pdf>. Data de acesso: 20 abr. 2023.
4. BORRIELLO, L., L'esperianza, *Teresianum* v. 52 (2001) 593-611, aqui, 603. Disponível em: <https://www.teresianum.net/wp-content/uploads/2016/05/Ter_52_2001-1_2_593-611.pdf>. Data de acesso: 20 abr. 2023.

suas palavras e vivenciando os seus exemplos; que eles façam em nossa alma como a gota de água que cai e recai numa lastra de pedra sempre no mesmo ponto", deixando seu sinal indelével[5].

No início, o cristão estabelece sua relação com Jesus vivo imaginando-o com as categorias à sua disposição, que nem sempre se identificam com aquelas da revelação. Aos poucos, lendo a palavra de Deus, entende de modo mais correto quem ele é de verdade. De fato, no processo de se tornar cristão, opera-se uma interação contínua entre a ação de Jesus ressuscitado que transforma a pessoa por meio do seu Espírito, moldando-a de acordo com o anúncio evangélico, e a própria pessoa que reconhece Jesus como o seu Senhor, segundo as suas concretas possibilidades psicológicas, destinadas a se desenvolverem no tempo[6]. Esse procedimento leva também o fiel a uma nova interpretação de si mesmo, alcançando, à luz do anúncio revelado, uma "lúcida autoconsciência", uma "percepção sensibilíssima"[7], uma "inteligência mística" da sua identidade cristã[8].

Não se trata apenas de uma experiência pessoal e limitada ao indivíduo. Quem tem a consciência de ter encontrado o Cristo sente a necessidade de partilhar com os outros a vivência que modificou sua existência. Desta forma, a experiência pessoal é avaliada para não correr o risco de ilusões. Se gerar equilíbrio, se der ânimo e serenidade duradoura, diferente das satisfações superficiais da vida, se ajudar a se manter longe dos vícios, a superar o egoísmo e a entregar-se com generosidade aos outros, sem se envergonhar de manifestar suas convicções aos que discordam delas, deve-se concluir que se trata de um genuíno encontro com Jesus ressuscitado.

Evidentemente, esse processo de amadurecimento pessoal acontece numa cultura já evangelizada, na qual Jesus é pregado e conhecido, sem excluir que o Senhor, com sua força transformadora, atua também onde o evangelho ainda não foi anunciado, movendo os corações, orientando-os para Deus, pois cada ser humano é amado por Deus e redimido pelo sacrifício pascal, embora, por motivos históricos, não possa ter acesso direto à revelação cristã.

---

5. Nos pontos controversos, a interpretação da tradição e do magistério da Igreja é garantia de fidelidade ao dado revelado.
6. MOIOLI, G., *L'esperienza spirituale, Lezioni introduttive*, Milano, Glossa, 1992; STERCAL, C., Storia e teologia della spiritualità nella riflessione di Giovanni Moioli, *Teologia* v. 24 (1999) 72-88.
7. BORRIELLO, L., L'esperienza, 594.
8. MOIOLI, G., Sapere teologico e sapere proprio del cristiano, Note per un capitolo di storia della letteratura spirituale e della teologia, *La Scuola Cattolica* v. 106 (1978) 569-596 (596); ID., Spiritualità fede, teologia, *Teologia* v. 9 (1984) 117-129.

Hoje, na nossa sociedade líquida, em que o corre-corre cotidiano suprime o tempo para pensar e tomar decisões equilibradas, observa-se uma proliferação de experiências espirituais heterogêneas, sinal de que o ser humano tem necessidade de encontrar algo que vai além dos valores e empreendimentos deste mundo, embora não saiba como defini-lo[9]. Em muitas dessas formas de espiritualidade prevalece a emotividade narcisista, o desejo da satisfação imediata das exigências pessoais, às vezes esquecendo normas fundamentais que devem caracterizar a existência. O cardeal Martini fala de um "inchar-se cancerígeno da subjetividade" que cria um desnorteamento espiritual perigoso e a incapacidade de tomar compromissos sérios na vida, embora na maioria desses movimentos se faça referência a Cristo[10]. Trata-se, com toda probabilidade, de um protesto contra certo tipo de esquematismo religioso do passado, em que tudo era determinado em pormenores, sem muitas chances de poder expressar-se livremente.

Outro elemento que ameaça a vida cristã é a cultura dominante, que qualifica de "pré-científicas" todas as afirmações referentes à existência de Deus e ao seu plano de salvação, as quais foram o sustento da humanidade no decorrer dos séculos. Essa perspectiva determina em muitos uma atitude de desânimo a respeito da revelação cristã e de todos os caminhos religiosos. A realidade é, porém, mais complexa do que se possa imaginar e não se esgota no que o ser humano pode experimentar, observar, medir e pesar; por isso, o método positivista, indispensável para descobrir as leis que regulam a natureza, não pode ser considerado como uma metodologia única, aplicável a toda a realidade, sem deixar espaço para outras perspectivas. A existência de Deus e a vitória de Jesus sobre a morte não podem ser verificadas com as ferramentas da ciência, porque são realidades transcendentes, atingíveis com segurança somente pela fé. Isso indica que o mistério sobrepuja o ser humano, criado por Deus, sustentado por ele e destinado a encontrar sua plena realização nele. Portanto, na sua essência mais profunda, tem sede de absoluto e de plenitude, como bem sintetiza Agostinho: "Fizeste-nos para ti, e inquieto está o nosso coração enquanto não repousa em ti"[11].

Meu interesse neste estudo, fruto de tantos dias de isolamento forçado por causa da pandemia da Covid-19 e com possibilidades limitadas de acesso

---

9. RATZINGER, J., *Dogma e anúncio*, São Paulo, Loyola, ²2008, 79-84.
10. Citado por DALLE FRATTE, S., *La vita spirituale e le sue dinamiche*, Facoltà Teologica del Triveneto, Corso di teologia spirituale, 2013. Disponível em: <https://pt.scribd.com/document/137145472/La-Vita-Spirituale-e-Le-Sue-Dinamiche-2013-1-Parte>. Data de acesso: 20 abr. 2023.
11. AGOSTINHO, *Confissões*, I, 1, 1, São Paulo, Paulus, 1997, 19.

à biblioteca, é considerar o evangelho de João para encontrar nele orientações de vida espiritual úteis para o ser humano, ameaçado por uma cultura sempre menos religiosa, incapaz de reconhecer a beleza da fé cristã e de encontrar motivos de esperança para superar desilusões e pessimismo, mesmo que mascarados por uma alegria superficial e vazia.

Em primeiro lugar, entendo apresentar a figura de Jesus, de acordo com a interpretação aprofundada do quarto evangelista, para em seguida analisar os eixos básicos da vida cristã. A fé constitui o alicerce sólido de cada existência autêntica, vivida em nome de Jesus. Dela nascem personalidades fortes, fiéis ao evangelho, que colocam em prática as mesmas convicções religiosas de forma variada e pessoal, sem reproduzir modelos preestabelecidos. Para que essa experiência de fé se desenvolva e amadureça, é necessário que produza frutos de amor, tanto em relação a Deus como aos irmãos. A perseverança é outra dimensão da vida cristã, pois sem continuidade nada se constrói no mundo. O dom da fé não pode ser considerado um bem pessoal; o cristão adulto, livre de todo medo, deve oferecê-lo aos outros através do testemunho equilibrado e cheio de unção espiritual, proclamando que o desfecho definitivo da história consiste no encontro definitivo com Deus por meio de Jesus, o redentor de todos os seres. É ele que, destruindo o mal que existe no mundo, abre à humanidade as portas da glória que não passa, fazendo-lhe experimentar que a bondade do altíssimo chega ao céu e sua fidelidade até as nuvens (Sl 36,6).

Agradeço ao Pe. Johan Konings, SJ (*in memoriam*), que leu estas páginas e, com grande competência, as corrigiu. Fico também muito agradecido a Rita Barbosa pela sua colaboração nesse trabalho de leitura do texto.

Alberto Casalegno, SJ
Páscoa do Senhor
Belém do Pará, 4 de abril de 2021

Capítulo 1
JESUS, O ROSTO MISERICORDIOSO DO PAI

Procurar com entusiasmo e buscar coisas novas fazem parte da vida. Só dessa forma cada ser cresce e se desenvolve. Para que isso se realize, é preciso ter curiosidade, desejo de pôr-se em movimento, de sair de esquemas fixos, coragem de se expor para encontrar rumos diferentes. Essa dinâmica deve caracterizar também a vida cristã. No relato joanino, os primeiros discípulos, convidados pela palavra de João Batista e movidos pelo interesse juvenil, vão atrás de Jesus. Ele, voltando-se e vendo que o seguiam, lhes diz: "Que estais procurando?" (Jo 1,38).

A pergunta é básica e exige uma resposta sincera antes de começar qualquer caminho. Corresponde a "o que quereis?", "do que sentis falta?", "estais disponíveis para escutar e aprender coisas novas, sem ter a pretensão de saber já tudo?". E também: "Estais preparados para derrubar os muros de defesa atrás dos quais vocês se escondem?". Sem esse conjunto de atitudes que exigem busca de genuinidade e de renovação verdadeira, a vida se torna monótona e se respira o oxigênio, necessário para a sobrevivência, por um pequeno buraco, sem conseguir encher plenamente os pulmões.

A importância da procura é realçada também no final do evangelho, quando o próprio Jesus ressuscitado diz a Maria Madalena, que chora diante do túmulo vazio, pensando que o corpo do Mestre tinha sido roubado: "A quem procuras?" (20,15). "Procuras um cadáver ou um vivente? Buscas apenas o objeto perdido da tua vida passada ou tens a ousadia de olhar para o futuro que, com o evento da cruz, Deus preparou para a humanidade toda?"

A repetição do motivo tanto no começo como no fim da narrativa joanina, formando quase uma moldura, salienta a necessidade de ir sempre além dos resultados obtidos. "Procurar" significa, então, ir em busca do que ainda não se conseguiu encontrar, esforçar-se por alcançar a realidade da qual se experimenta a falta, embora já se perceba o valor dela. Esse comportamento, que procede de certa experiência de incompletude e de vazio interior, é a mola que ajuda a sair de uma visão acomodada e egoísta da vida, fonte de desalento e de ceticismo, para entrar numa perspectiva de existência mais plena.

No âmbito cristão, o que é preciso procurar é sempre a pessoa de Jesus, conhecida pela Palavra, pela pregação da Igreja e pelo testemunho dos santos, mas constantemente objeto de descoberta pessoal que revigora a vida e aviva um entusiasmo desconhecido. Por isso, procurar é o oposto de repetir os mesmos gestos, o mesmo modo de proceder, que gera nojo e humilha a autêntica fé religiosa. De fato, Jesus, sempre reserva surpresas a quem se aproxima dele com simplicidade de coração e com o desejo de progredir na vida espiritual.

A busca por Jesus, nunca conhecido adequadamente, representa a resposta ao chamado misterioso de Deus que deseja vencer a cegueira e a surdez do ser humano. Exige-se disponibilidade para discernir e seguir as moções do Espírito que trabalha em quem acredita, juntamente com uma purificação interior constante que habilita a entender melhor o mistério da pessoa de Jesus, bem superior a um simples profeta ou a um mestre de sabedoria.

1. O que o leitor percebe na leitura rápida do evangelho

A narrativa joanina, como a de todos os evangelhos, realça que Jesus é uma pessoa que atrai. Os dois discípulos de João Batista, escutando a palavra do mestre, ao vê-lo passar, vão atrás dele e ficam com ele o dia todo, cativados pela sua personalidade. Logo em seguida, Filipe e Natanael experimentam o fascínio do encontro com Jesus e tornam-se seus seguidores. Ele está presente nos momentos faustos e infaustos do seu povo, partilhando alegrias e dores. Com os discípulos, participa da festa de casamento em Caná da Galileia, em que nasce uma nova família, geradora de vida (2,1), e chora pela morte de Lázaro, revelando seu amor pelo amigo falecido (11,33). Tem pena dos doentes da Palestina, dando-se conta das suas necessidades, antes de qualquer pedido de socorro por parte deles, como acontece em Jerusalém com o enfermo da piscina de Betesda e com o cego de nascença na saída do Templo (5,6; 9,1). Na Galileia, levantando os olhos, vê a grande multidão que o segue e procura com os discípulos uma solução para alimentá-la. Não recusa o convite de ficar com quem manifesta interesse por ele, sem mostrar sinais de pressa (4,40). Com as pessoas que na vida passaram por duras provações, atua com clareza e respeito, desejando sua recuperação, ajudando-as a superar os preconceitos (4,9) e a aceitar a sua situação, única via para um caminho de conversão (4,16-19). Revela um amor particular pelos discípulos que conhece pessoalmente, chamando cada um pelo nome (10,3). Qualifica-os com a categoria muito honorífica de "amigos" (*filoi*, 15,14-15)[1], comparando-os com os personagens ilustres do Antigo Testamento, com Abraão, amigo de Deus que conhece todos os seus projetos (Gn 18,17; Is 41,8; 2Cr 20,7), e com Moisés, que fala "face a face" com o Altíssimo, "em visão, e não em enigmas" (Ex 33,11; Nm 12,8). Realça, desta forma, sua intimidade para com eles, baseada na confiança e no afeto recíproco.

Trata-se de poucas pinceladas, suficientes para mostrar a profunda humanidade de Jesus, que deseja viver em comunhão com o seu povo, partilhando as experiências de todos os seres. Em particular, a todos fala de Deus e do amor dele para a humanidade. De fato, o traço mais marcante da sua personalidade é a intimidade contínua e única com Deus. Sua vida se desenvolve na presença do Pai que ele ama, sabendo ser amado por ele. Por isso, declara que nunca está sozinho, porque experimenta a proximidade do Pai também na hora da paixão (Jo 7,29; 8,29), quando os discípulos o abandonam (16,32). Sua familiaridade com Deus se conjuga com uma atitude firme em relação aos adversários da sua época que, por causa da sua particular relação com Deus, o consideram um blasfemador, um "endemoninhado" e um "samaritano"[2] (8,48). Apesar do clima tenso que rodeia a pessoa de Jesus, os guardas que deviam prendê-lo são obrigados a reconhecer que "jamais um homem falou como ele" (7,47).

Com a mesma coragem e destemor, enfrenta os que vêm prendê-lo no jardim além da torrente do Cedron (18,4-8) e não teme dizer a Pilatos, que pensa dispor dele de acordo com o seu bel-prazer, que não teria poder algum sobre ele se não lhe houvesse sido dado do alto (19,11). Também nos momentos do grande aperto durante a paixão, Jesus manifesta sua autoridade, dominando as situações, dando a impressão de que nada o atemoriza. Interpreta como uma glorificação o evento da sua morte, que os sinóticos qualificam como um despojamento total, embora o suplício ignominioso da cruz, ao qual é condenado, não podia ser infligido a nenhum cidadão romano, porque cruel demais.

---

1. O termo "amigo" é diferente de "servo", o qual, em relação a Deus, é também um título de grandeza.
2. No contexto da diatribe entre judeus e samaritanos, o termo corresponde a "bastardo".

A primeira impressão que o leitor recebe na leitura do quarto evangelho é que Jesus é uma personalidade humana que desperta interesse. Uma vida cristã autêntica deve ter como ponto de referência a sua humanidade, o seu estilo de vida, o seu modo de falar, de agir, de olhar, sua relação com a natureza e com os outros. Por isso, em primeiro lugar, o evangelho de João, como os outros evangelhos, deve ser considerado uma "escola de humanização", inspirando a arte de viver de forma nova[3].

O segredo dessa nova forma de proceder depende da identidade transcendente de Jesus, que se manifesta com fatos e com palavras na narrativa joanina.

2. O que Jesus diz de si mesmo

Ao longo do evangelho, Jesus declara com insistência sua relação pessoal com Deus. Trata-se de frases que brotam do concreto da sua existência e das situações que ele enfrenta durante o seu ministério público.

2.1. Proximidade misteriosa com Deus

Muitas vezes Jesus afirma que o Pai o enviou (5,37; 6,44; 8,16.18); aliás, qualifica Deus como "aquele que me enviou" (4,34; 5,24.30; 6,29)[4]. A categoria de "enviado" realça que ele é o representante de Deus neste mundo, isto é, o seu embaixador, o qual, de acordo com o direito diplomático judaico, depende totalmente do mandante e frui de um prestígio todo especial.

De fato, veio para fazer a vontade do Pai, não a sua (5,30; 6,38), para realizar as obras daquele que o enviou (9,4; 4,34). Comunica ao mundo tudo o que ouviu do Pai (8,26), que o Pai lhe prescreveu (12,49), dando testemunho do que "viu e ouviu" junto do Pai (3,32; 8,38). Por isso, afirma que a palavra que ele anuncia não é sua, mas do Pai (7,16; 14,24; 17,7-8), assim como as obras que ele cumpre são do Pai (5,36), realizadas em nome dele, efetuando sempre "o que lhe agrada" (8,29; 5,19), pois Jesus age como um jovem aprendiz que faz tudo o que seu pai opera (5,19). Enquanto enviado, todavia, ele goza da mesma autoridade do Pai, reconhecendo que o Pai tudo entregou em suas mãos (3,35; 13,3),

---

3. MANICARDI, L., *Per una grammatica della vita spirituale cristiana*, Convegno Nazionale ACLI, Bose, 14 fev. 2020. Disponível em: <https://www.alzogliocchiversoilcielo.com/2020/02/luciano-manicardi-per-una-grammatica.html>. Data de acesso: 20 abr. 2023.

4. As expressões são bastante raras nos sinóticos (cf. Mt 10,40; Mc 9,37c; Lc 4,18.43; 9,48b; 10,16).

dando-lhe poder sobre toda carne (17,2). Embora dependente do Pai, recebe dele total soberania.

O termo "enviado" não é suficiente para expressar a verdadeira identidade de Jesus, porque pode ser aplicado a um homem espiritual ou a um profeta, embora nenhum deles jamais se atreveu a dizer que foi investido por Deus de plena autoridade para realizar sua missão. Usando o vocabulário simbólico-espacial que tem um sentido teológico, o próprio Jesus realça que ele vem do Pai e vai ao Pai[5], dizendo aos seus interlocutores: "Sei de onde venho e para onde vou" (8,14), e proclamando de forma enigmática: "Para onde eu vou vós não podeis ir" (7,34; 8,21; 16,28). Aponta, dessa forma, para sua origem misteriosa.

Jesus não se limita a essas afirmações. Declara que ele conhece o Pai (8,55a) e especifica: "Como o Pai me conhece e eu conheço o Pai" (10,15). Não se trata de um conhecimento humano de Deus, que acontece sempre "em espelho" e acarreta a superação de incertezas, perplexidades e obstáculos, mas de um conhecimento imediato, íntimo, recíproco que coloca Jesus ao mesmo nível do Pai. Por isso, no final da caminhada terrena de Jesus, sai espontânea dos seus lábios a expressão cheia de gratidão: "Eu te conheci", salientando o vínculo secreto que o une ao Pai (17,25).

Entende-se, então, que Jesus é um homem que vem de Deus, muito diferente do seu precursor, introduzido na narrativa joanina com a frase: "Houve um homem enviado por Deus, cujo nome era João" (1,6).

2.2. Comunhão com o Pai

No quarto evangelho, há frases ainda mais densas, pronunciadas por Jesus, que indicam a intimidade especial que o relaciona com o Pai: "Tudo o que o Pai tem é meu" (16,15), "tudo o que é meu é teu e tudo o que é teu é meu" (17,10), que salientam, de forma clara, sua plena comunhão com Deus. Trata-se de uma comunhão transcendente e eterna, desconhecida a todo mortal, diferente daquela que, na parábola lucana, o pai amoroso tem com o filho mais velho que sempre ficou com ele em casa, pois a frase: "Filho, tu estás sempre comigo, e tudo o que é meu é teu", se refere aos bens materiais que devem ser compartilhados entre os membros da família (Lc 15,31).

Outras expressões realçam a familiaridade de Jesus com Deus em momentos particulares da sua existência.

---

5. POTTERIE, I. de la, Vocabolario spaziale e simbolismo cristologico in San Giovanni, in: PADOVESE, L. (org.), *Atti del III Simposio di Efeso su S. Giovanni Apostolo*, Roma, Istituto Francescano di Spiritualità e Pontificio Ateneo Antoniano, 1993, 19-48.

2.2.1. Betesda

Em Jerusalém, Jesus cura um doente, provavelmente um aleijado, em virtude da sua palavra, dizendo-lhe: "Levanta-te, toma o teu leito e anda", sem precisar ser o primeiro a entrar na piscina de Betesda, quando, segundo uma crença popular, o anjo agitava a água[6]. Ao protesto dos judeus porque a cura acontece no dia de sábado, Jesus responde: "Meu Pai até agora trabalha e eu trabalho", afirmando sua igualdade com ele (5,17). Os mestres de Israel sabiam que o relato do Gênesis não podia ser tomado ao pé da letra, porque Deus continua trabalhando também no dia de sábado, conservando a criação, dando a chuva, fazendo com que novos seres nasçam e terminem sua vida terrena. Afirmando o seu direito de cuidar da criação também no dia de descanso, Jesus coloca-se ao mesmo nível do Pai que sempre opera.

É por causa dessa afirmação que "os judeus, com mais empenho, procuravam matá-lo, pois, além de violar o sábado, dizia ser Deus seu próprio pai, fazendo-se assim igual a Deus" (5,18). Entendem perfeitamente o sentido das palavras de Jesus; por isso, o perseguem, embora Jesus não queira abolir o sábado, mas reivindicar o direito de restituir a saúde a um enfermo, libertando a criação das suas deficiências, pois, segundo a fé bíblica, o sábado é o dia em que a criação chegou ao seu pleno cumprimento[7].

2.2.2. Festa da Dedicação do Templo

Também a expressão: "Eu e o Pai somos um", que Jesus profere na festa da Dedicação do Templo, destaca a união profunda entre ele e o Pai, afirmando a estreita colaboração deles na obra de salvação (10,30). De fato, ninguém tem o poder de arrebatar as ovelhas da sua mão, assim como ninguém pode arrancá-las da mão do Pai (10,28-29). A mão poderosa de Jesus e a mão do Pai se sobrepõem, protegendo os fiéis na sua vivência cristã[8]. Ele e o Pai colaboram, portanto, para que ninguém os extravie da caminhada de fé, se eles procurarem viver de acordo com a graça que anima suas existências. Com efeito, Jesus declara: "Desci do céu não para fazer minha vontade, mas a vontade de quem

---

6. O homem, desprovido de iniciativa, recupera a saúde, e ao mesmo tempo o desejo de viver que ficou reprimido por trinta e oito anos por sua preguiça crônica (Jo 5,4-8).
7. Nos sinóticos, Jesus salienta que a dignidade do ser humano deve ser reconhecida antes de todas as leis: "O sábado é feito para o homem e não o homem para o sábado" (Mc 2,27).
8. A frase não afirma que Jesus tem a mesma natureza divina do Pai, tema que será objeto das reflexões posteriores dos Concílios da Igreja.

me enviou. E a vontade daquele que me enviou é esta: que eu não perca nenhum dos que ele me deu" (6,38-39). Também nessa ocasião, os judeus entendem que Jesus manifesta sua proximidade única com o Pai; por isso, apanham pedras para lapidá-lo, acusando-o explicitamente de blasfêmia (10,33).

2.2.3. Sermão depois da ceia

As expressões mais explícitas referentes à intimidade de Jesus com o Pai encontram-se no sermão após a ceia. Respondendo a Tomé, que lhe pergunta qual é o caminho para chegar aonde ele vai, Jesus declara ser ele o caminho e acrescenta: "Se me conhecestes, conheceríeis também a meu Pai. Desde agora o conheceis e o vistes" (14,7).

O verbo "conhecer" indica uma experiência interior profunda, que permanece no tempo e atinge todo o ser, não uma compreensão intelectual que não transforma o coração. Esse conhecimento de Jesus tem como consequência o conhecimento do Pai[9]. Isto significa que a experiência viva da identidade de Jesus, feita na fé, leva a compreender, de modo velado, mas real, a realidade do Pai.

A frase que se segue: "Desde agora o conheceis e o vistes" é imprevisível e, de certa forma, surpreendente, porque realça que, por meio de Jesus, o Pai não será somente objeto de um conhecimento futuro, mas é alcançável por uma experiência que se verifica desde o presente, tornando-se "visível" na pessoa de Jesus. Desde já, os discípulos, unidos a Jesus, conhecem o Pai, veem-no e continuarão a vê-lo de forma sempre mais clara e completa na sua caminhada de fé[10]. Evidentemente não se trata de um ver físico, nem da visão que acontece na glória, porque, segundo a revelação bíblica, ninguém pode ver a Deus e ficar vivo (Gn 32,31; Ex 24,10; Is 6,5), mas da certeza inabalável, proporcionada pela fé, de que o Pai está presente em Jesus[11].

A intervenção de Filipe, que pergunta: "Senhor, mostra-nos o Pai e isto nos basta", ajuda a entender melhor as palavras de Jesus, o qual retruca: "Quem me vê, vê o Pai. Como podes dizer: Mostra-nos o Pai?" (14,9). Afirma, dessa forma, que o contato duradouro com a sua pessoa, realizado na fé, que se torna

---

9. No texto, para o conhecimento de Jesus usa-se o tempo perfeito do verbo grego (*egnókate*), indicando uma ação do passado que continua no presente. O conhecimento do Pai, com o verbo no futuro (*gnósesthe*), é apresentado como uma consequência.
10. O verbo grego está no tempo perfeito (*heorákate*).
11. Cf. LÉON-DUFOUR, X., *Leitura do Evangelho segundo João*, v. III, São Paulo, Loyola, 1996, 74-75.

sempre mais lúcida e esclarecida com o decorrer do tempo, como realçam os verbos gregos[12], permite ver o Pai, com uma compreensão crescente, embora embrionária, porém verdadeira. Jesus, então, não é somente o enviado do Pai e seu embaixador na terra, mas o mediador que possibilita ao ser humano a visão do Pai, pois, somente ele viu, de verdade, o Pai (6,46)[13].

Procurando explicitar suas afirmações anteriores, Jesus acrescenta outra expressão para se autoqualificar: "Não crês que estou no Pai e o Pai está em mim?" (14,10). A frase, de forma interrogativa, insiste na mútua imanência de Jesus e o Pai, no fato de ele ser o ícone do Pai, o sacramento por meio do qual o homem entra em contato com Deus. Trata-se de um mistério que supera a capacidade de entendimento humano, por isso é necessário "crer". Com o intuito de explicar a densidade da declaração, Jesus logo precisa: "As palavras que vos digo, não as digo por mim mesmo, mas o Pai, que permanece em mim, realiza suas obras".

A expressão "o Pai que permanece em mim" é muito significativa. Destaca que o Pai está presente na vida e atividade de Jesus de forma contínua e ininterrupta, não como agindo de fora, mas animando sua existência e seu comportamento por dentro, em virtude da união essencial entre eles. Em definitivo, Jesus declara que o Pai habita nele, não de modo metafórico, mas concreto e efetivo. Por isso, as obras realizadas por ele são igualmente obras do Pai.

Para que o fiel se aproxime de forma menos inadequada ao mistério da pessoa de Jesus, à frase interrogativa: "Não credes que eu estou no Pai e o Pai em mim?" segue-se a expressão afirmativa com valor de reforço: "Crede-me: eu estou no Pai e o Pai está em mim" (14,11). Trata-se, então, de uma questão de fé, acima de toda constatação humana. É preciso a força que vem do alto para chegar a compreender esta palavra misteriosa[14]. Jesus entende a dificuldade do ato de fé e acrescenta: "Crede-o, ao menos, por causa destas obras". As obras que ele realizou durante a sua vida pública, a partir do sinal de Caná da Galileia até a ressurreição de Lázaro, manifestam seu poder e sua transcen-

---

12. O verbo "ver", que aparece duas vezes na frase: "Quem me vê (*ho heôrakós*), vê (*heôraken*) o Pai", está no tempo perfeito, indicando continuidade no tempo.

13. Já em 12,45, João, com uma frase semelhante, afirma: "Quem me vê (*ho theôrôn*) vê (*theôrei*) aquele que me enviou", destacando que a compreensão da identidade de Jesus leva à descoberta da presença do Pai que age nele.

14. A frase "como tu, Pai, estás em mim e eu em ti" volta na oração de Jesus antes do evento pascal, na qual Jesus pede a unidade dos fiéis: "Para que todos sejam um como tu, Pai, estás em mim e eu em ti, e para que eles estejam em nós, a fim de que o mundo creia que tu me enviaste" (Jo 17,21). Todos são convidados a entrar na intimidade do Filho e do Pai.

dência. Se a afirmação da sua identidade pode deixar perplexos os ouvintes, as obras que ele cumpriu deveriam gerar segurança de ele ter verdadeiramente uma relação de intimidade com Deus, pois seus empreendimentos não podem ser realizados por simples homens, mas são ações do Altíssimo que misteriosamente atuam por meio da sua pessoa[15].

A profundidade das palavras que Jesus dirige a Tomé e a Filipe mostra que não se trata de uma conversa descontraída e prazerosa entre amigos, referente a um ensinamento que já deveria ter sido assimilado pelos discípulos. Trata-se de afirmações de alta teologia, expressas no quadro de um simples colóquio. O leitor se depara com a revelação da identidade de Jesus, preparada pelas outras declarações ao longo do evangelho, sempre misteriosa e paradoxal. Os judeus compreendem bem suas palavras, acusando-o de blasfêmia, afirmando: "Sendo apenas homem, tu te fazes Deus" (10,33)[16].

2.3. Declarações de exclusividade

No evangelho de João, Jesus expressa também sua identidade usando sete vezes a expressão "Eu sou", dizendo ser "a luz do mundo" que dá sentido à existência humana (8,12; 9,5), "o pão vivo descido do céu" que oferece o verdadeiro nutrimento a quem vive nesta terra (6,34.48), "o caminho" que leva ao Pai (14,6), "o bom pastor" e "a porta das ovelhas" (10,7.9.11.14), "a ressurreição e vida" (11,25), "a verdadeira vide" que alimenta todos os fiéis, com a mesma seiva vital (15,5). Jesus é o único que pode garantir ao ser humano todos esses benefícios. Nenhum outro, somente ele.

Diante dessas declarações, o leitor pode manifestar certa perplexidade, perguntando-se qual é o valor de todos os outros mestres de sabedoria que, na história, foram considerados benfeitores da humanidade, oferecendo, com

---

15. Também por ocasião da festa da Dedicação do Templo, Jesus realça que o Pai está nele e ele no Pai (10,38). A consideração das obras que ele cumpriu deveria facilitar a aceitação das suas palavras: "Mesmo que não acrediteis em mim, credes nas obras, a fim de conhecerdes e conhecerdes sempre mais que o Pai está em mim e eu no Pai". A frase, com a repetição do verbo "conhecer", realça que o processo do conhecimento da íntima unidade de Jesus e o Pai, começado no passado, nunca chega ao fim.

16. Após ter realçado a intimidade com o Pai, Jesus afirma que o Pai é maior do que ele (14,28). A expressão deve ser compreendida à luz do fato de que Jesus, no quarto evangelho, é basicamente o enviado do Pai, seu representante na terra, dependendo totalmente dele (5,19), embora gozando de todo poder (3,35; 13,3). Além disso, na narrativa joanina, realça-se a centralidade do Pai, que é a fonte da qual tudo procede. O projeto de salvação depende exclusivamente dele em sinergia com o Filho (3,16).

o seu ensino, luz, verdade e vida. Apresentando-se como diferente e inigualável, Jesus parece excluir todos os grandes luminares e os líderes religiosos que o antecederam, os sábios e os filósofos antigos, que procuraram entender o mistério de Deus, indicando os caminhos da retidão e da justiça, na tentativa de construir uma sociedade melhor e atenta ao bem-estar comum. Também o valor dos patriarcas e dos profetas do povo de Israel poderia ser desconsiderado.

A frase polêmica com a qual Jesus se expressa: "Todos os que vieram antes de mim são ladrões e assaltantes" (Jo 10,8) não deve ser generalizada, porque se refere aos responsáveis pelo povo judaico, contemporâneos de Jesus, sobretudo aos fariseus, que tinham uma visão legalista e destorcida da *Torah* e não foram ouvidos pelas ovelhas. Jesus define-se como único – e o é verdadeiramente – por causa da sua relação privilegiada com Deus. A própria expressão: "Eu sou", que evoca as fórmulas com que o Altíssimo se manifesta no Antigo Testamento[17], aponta para a sua relação particular com o Pai.

Só a experiência pessoal, iluminada pelo Espírito, que saiba superar o perigo do imediatismo e da superficialidade, pode reconhecer que essas expressões não são pretensões mentirosas e vazias, mas são verdadeiras. De resto, não somente o quarto evangelista, mas todo o Novo Testamento destaca a singularidade de Jesus, porque: "Não há sob o céu outro nome dado aos homens pelo qual devemos ser salvos" (At 4,12).

Fazendo essas afirmações, Jesus não rejeita nenhum dos sábios que floresceram na história passada, tornando-se, com sua sabedoria, luzes e verdadeiros pastores da humanidade. De fato, as conquistas conseguidas em todos os âmbitos da existência são abençoadas por Deus. Encontram, porém, sua plenitude em Jesus, que é a sabedoria do Pai, a palavra definitiva, a luz que não se apaga. Nenhuma rivalidade, então, entre a mensagem de Jesus e as outras praxes e filosofias de vida dos seus antecessores. Jesus não exclui ninguém, inclui todos, afirmando ser ele quem leva à perfeição os caminhos humanos. Com efeito, Jesus não pode ser reduzido a uma expressão da antropologia cultural ou da religiosidade universal, nas suas polivalentes vertentes históricas. Está

---

17. Em Betel, após o sonho de Jacó, o Senhor garante ao patriarca sua fidelidade, dizendo: "Eu sou o Senhor Deus de Abraão, teu pai, e o Deus de Isaac. Darei a ti e à tua posteridade a terra sobre a qual estás deitado" (Gn 28,15). O mesmo acontece no episódio da sarça ardente, quando Deus revela o seu nome a Moisés: "Eu sou aquele que sou" (Ex 3,14), manifestando sua transcendência. Ao mesmo tempo, anuncia sua presença amiga no meio do povo (cf. 6,1.29) e o fim do trabalho forçado na terra do Egito (6,2.6.7), pois chegou a libertação (7,5.17). Expressa-se da mesma forma, comunicando o Decálogo (20,2.5).

em jogo a sua identidade de Filho único do Altíssimo, enviado definitivo de Deus aos seres humanos.

É preciso acrescentar que, na narrativa joanina, quatro vezes Jesus usa a seu respeito a fórmula concisa e essencial "Eu sou", na forma absoluta – para Agostinho, ainda mais eloquente do que as outras frases com predicado nominal, porque representa um concentrado de tudo o que Jesus declarara de si mesmo durante seu ministério[18]. O pano de fundo desta expressão encontra-se na Septuaginta, em particular no Dêutero-Isaías, em que Deus declara sua superioridade em relação aos ídolos, manifestando sua divindade: "Eu sou, outro não há" (Is 45,18c)[19]. No quarto evangelho, pode ser uma fórmula de identificação que, porém, deixa entrever algo da identidade misteriosa de Jesus (Jo 6,20; 8,24.28; 13,19; 18,5.8). Contudo, na festa das Tendas tem um peso muito maior. Respondendo aos judeus que o censuram dizendo: "Não tens ainda cinquenta anos e viste Abraão", Jesus responde: "Em verdade, em verdade, vos digo: antes que Abraão fosse, Eu sou" (8,58). Realça, dessa forma, que Abraão pertence ao tempo que passa, enquanto ele está acima do tempo. Ao porvir opõe-se o ser, permitindo entender que Jesus pertence à esfera divina, é superior a este mundo e está próximo de Deus[20]. É lógico, então, que ele manifeste prerrogativas únicas que nenhum outro ser humano pode se atribuir[21].

---

18. AGOSTINHO, *Comentário do Evangelho de São João*, 38, 8 (Patrologia Latina 35, 1679).

19. Na polêmica contra os falsos deuses, dirigindo-se ao povo fiel, Deus declara: "Sois minhas testemunhas [...] para que aprendam e creiam e saibam que Eu sou" (Is 43,10). Há também expressões mais complexas, como "Eu, Eu, aquele que apaga tuas transgressões" (43,25), traduzida na Septuaginta com a dupla repetição: "Eu sou, Eu sou, aquele que apaga tuas transgressões", isto é, "eu sou o EU SOU (o Deus) que remete as tuas culpas". A mesma construção aparece em Isaías 51,12: "Eu sou, Eu sou, aquele que tem compaixão de vós", com o mesmo sentido. Deus é o "Eu sou" que tem compaixão de Israel. Na língua portuguesa, a tradução nem sempre corresponde ao original grego.

20. Merecem atenção as duas frases pronunciadas por Jesus quando, caminhando sobre o mar, acalma as águas agitadas pelo forte vento, dizendo: "Eu sou; não temais" (Jo 6,20), ou quando, no jardim além da torrente do Cedron, responde "Eu sou" aos que procuram capturá-lo. Nesses casos, trata-se de uma fórmula de identificação, todavia, a fina arte literária do evangelista pode apontar para a grandeza transcendente de Jesus. De fato, nos dois casos, acontece algo extraordinário: o barco chega logo à terra e Judas e o destacamento de soldados recuam e caem por terra.

21. A crítica racionalista, influenciada pelo ideal kantiano de *A religião nos limites da simples razão*, recusou toda transcendência, a partir de H. S. Reimarus, que interpretou Jesus como um agitador político que faliu, passando por F. C. Baur, que fez dele um símbolo da dignidade humana, continuando com D. F. Strauss, que considerou Jesus como um mito que comunica verdades que a filosofia expressa racionalmente. A. Harnack viu nele um simples homem, embora próximo de Deus. R. Bultmann, na sua reflexão teológica, procura desmitologizar a figura de Jesus, propondo uma leitura existencial dele, compreensível ao homem de hoje, tirando todos os elementos transcendentes.

3. O que dizem de Jesus os personagens da narrativa

A maioria dos personagens que se encontraram com Jesus o reconhece como Messias. João Batista, qualificando-o como "o cordeiro de Deus que tira o pecado do mundo" e como "o eleito de Deus" (1,29.34), interpreta a sua figura à luz do servo de Deus do Antigo Testamento, levado ao matadouro como um cordeiro (Is 53,7; 42,1). A imagem tem estreita relação com a pessoa do Messias, de acordo com a declaração da Igreja primitiva, a qual reconhece em Jesus tanto o Messias (At 2,36) como o servo (At 3,13; 4,27.30). Isso explica o porquê da proclamação de André, o primeiro discípulo de Jesus, ao encontrar-se com Pedro, que confessa: "Encontramos o Messias" (Jo 1,41). Também Natanael, admirado pela onisciência de Jesus, faz uma confissão messiânica: "Rabi, tu és o Filho de Deus, o Rei de Israel", considerando provavelmente Jesus como um libertador social (1,49).

A qualificação de "o profeta que deve vir ao mundo" que os galileus atribuem a Jesus, após a multiplicação dos pães, deve ser entendida igualmente em sentido messiânico-político (6,14). Por isso, Jesus a rejeita e se retira para o monte[22]. Da mesma forma, a designação "o rei dos judeus" que comparece no letreiro na cruz, historicamente autêntica, pois não tem qualquer relação com as fórmulas cristológicas tradicionais, realça a identidade messiânica de Jesus.

A síntese dos reconhecimentos messiânicos presentes na primeira parte do evangelho (cf. 7,41; 9,22) é feita por Marta, irmã de Lázaro, que declara: "Eu creio que tu és o Cristo, o Filho de Deus, que deve vir ao mundo" (11,27). Colocada após a afirmação de Jesus: "Eu sou a ressurreição e a vida", não afirma apenas que Jesus é o Messias; adquire um sentido maior, realçando que ele é o único que renova em plenitude a existência humana, porque tem o poder de vencer a morte.

Há outras qualificações de Jesus que dependem do âmbito cultural característico dos personagens do relato. Os samaritanos lhe atribuem o título de "Salvador do mundo", que pode evocar a figura dos homens divinos ou dos deuses salvadores, característicos da cultura helenística na qual vivem, embora, no conjunto da obra joanina, a expressão represente uma profissão de fé em Jesus, redentor da humanidade no evento pascal (1Jo 2,2; 4,14)[23].

---

22. O acréscimo "que deve vir ao mundo" é característico do Messias. Cf. Marcos 11,9; Mateus 11,3; 21,9; Lucas 7,19; 13,35; João 11,27.
23. O termo "Salvador" é referido a Deus em Lucas 1,47; 1 Timóteo 1,1; 2,3; 4,10; Tito 1,3; 2,10; 3,4; 2 Pedro 3,2; Judas 25, e a Jesus em Lucas 2,11; Atos dos Apóstolos 5,31; 13,23; Efésios 5,23; 2 Timóteo 1,10; Tito 1,4; 2,13; 3,6; 2 Pedro 1,1.11; 2,20; 3,18.

Com a afirmação: "Tu és o Santo de Deus", Pedro, em nome dos Doze, responde a Jesus, que pergunta se também eles querem abandoná-lo, como estão fazendo muitos outros discípulos (6,69). Trata-se de uma frase inédita que atesta que Jesus é mais do que o Messias esperado[24]. Introduzida pelos dois verbos "cremos e reconhecemos"[25], realça que sua pessoa deixou marcas profundas na experiência interior dos discípulos (cf. 17,8).

A profissão de fé mais elevada é a de Tomé, que, superando a incredulidade, reconhece Jesus ressuscitado como "meu Senhor e meu Deus", confessando sua divindade (20,29). Dessa forma, mostra entender o que Jesus procurou revelar ao longo da sua vida terrena e pode ser considerado como o protótipo da genuína fé cristã. Também Maria Madalena, anunciando aos discípulos: "Vi o Senhor" (20,18.25), reconhece a dimensão transcendente de Jesus[26].

Embora os títulos dados a Jesus pelos personagens do evangelho sejam redigidos já à luz da fé pascal, não se pode dizer que todos eles carecem de dimensão histórica, pois a narrativa baseia-se em fatos concretos. Os discípulos começam a dar-se conta de que Jesus é o Messias; Marta acredita que é o enviado de Deus que devia vir ao mundo, porém com poderes particulares; Tomé declara que Jesus não é um simples homem, mas Senhor e Deus. Sua confissão, colocada pelo redator no final da narrativa, tem a finalidade de ajudar o leitor a reconhecer a identidade misteriosa de Jesus, de acordo com a profissão de fé da comunidade do quarto evangelista.

4. O que a comunidade joanina diz de Jesus

É no prólogo que o evangelista manifesta a fé da sua Igreja, afirmando explicitamente a divindade de Jesus[27]. Trata-se de uma conclusão que se fundamenta em toda a narrativa do quarto evangelho, e é colocada no começo para a orientação de quem se aproxima dele. Se, na sua missão terrena, Jesus fez perceber aos discípulos algo de sua relação privilegiada com Deus, foi necessário certo tempo para

---

24. LÉON-DUFOUR, X., *Leitura do Evangelho segundo João*, v. II, São Paulo, Loyola, 1996, 138-139.
25. Os verbos "cremos e reconhecemos" (*pepisteúkamen kai egnókamen*) na língua grega estão no tempo perfeito; indicam que o processo de fé dos discípulos foi constante e sem interrupções.
26. Em João, o título de "senhor", normalmente, não tem sentido transcendente como nos sinóticos (cf. Jo 12,21; 20,15).
27. Jamais Jesus disse "eu sou Deus", o que seria impossível por parte de um judeu piedoso como ele, no ambiente estritamente monoteísta de Israel (Jo 10,24). Tampouco afirmou: "eu sou o Messias". No Salmo 46,11, é Deus que se apresenta dizendo: "Parai! Ficai sabendo que eu sou Deus que domina a terra".

que se entendesse a relevância de suas afirmações inauditas e, procedendo de modo indutivo, se formulasse de forma precisa o sentido delas. Analisemos o texto.

4.1. O Verbo se fez carne

Olhando para o início absoluto, isto é, para o começo antes de todo começo, o evangelista proclama: "No princípio era o Verbo". Sua intenção é falar de Jesus, como aparecerá em seguida (1,14.17). Para qualificá-lo, usa a palavra: "Verbo", "*Logos*". O termo, rico de sentido, diz respeito à concepção hebraica da "palavra de Deus" – *d^ebar Yhwh* –, que subsiste por si mesma, tornando-se mediadora do ato criativo de Deus. Corresponde à "sabedoria" divina, brilhante mais que o sol (Sb 7,29-30), que existe antes da criação do mundo (Pr 8,22-23) e se identifica com o sopro do poder de Deus (Sb 7,25). Descendo do céu, arma a sua tenda em Israel (Sr 24,8), conversa com os seres humanos, tornando-os amigos de Deus (Sb 9,10; Pr 8,31) e conduzindo-os à vida (Pr 8,35). Evoca também a razão imanente de todas as coisas que garante a racionalidade do universo, de acordo com o pensamento estoico que caracteriza o mundo cultural helenístico no qual vive a comunidade[28].

O evangelista acrescenta que "o Verbo estava junto de (*prós*) Deus", afirmando sua existência pessoal, eterna e subsistente junto do Pai. Aliás, declara: "Deus era o Verbo", atestando sua divindade[29]. Faz, todavia, uma distinção importante: o Verbo é Deus, porém distinto de Deus-Pai, porque o Senhor de todas as coisas é indicado com o artigo (*ho theós*), enquanto o Verbo é designado sem o artigo (*theós*). As palavras do evangelista deixam-nos pensativos. Sem negar o monoteísmo bíblico, o autor afirma que Deus não está sozinho na sua individualidade soberana, porque nele há uma complexidade, uma relação dinâmica com o seu Verbo que é a expressão do seu ser, que sempre existiu, com o qual tem um vínculo eterno de amor, uma comunicação contínua.

No texto, explicita-se que a relação entre Deus e o Verbo é uma relação de filiação, porque o Verbo é o "Unigênito" do Pai, isto é, gerado pelo Pai

---

28. O termo "Verbo" encontra-se somente nos escritos joaninos (Jo 1,1.14; 1Jo 1,1; Ap 19,13). Cf. MARTINI, C. M., Brani di difficile interpretazione della Bibbia XVII, Gv 1,1: In principio era il Verbo da Il Vangelo secondo Giovanni. Disponível em: <http://www.gliscritti.it/approf/2005/papers/martini01.htm>. Data de acesso: 20 abr. 2023. Em Filon, o *Logos* é o mediador entre Deus e o mundo, o arquiteto da criação, quem permite que todas as coisas vivam em harmonia (FILON, *De opificio mundi*, 20 [cf. PHILO ALEXANDRINUS, Paris: Cerf, 1961]; *De fuga et inventione* 112 [cf. ID., Paris: Cerf, 1970]).

29. LÉON-DUFOUR, X., *Leitura do Evangelho segundo João*, v. I, São Paulo, Loyola, 1996, 61, traduz o versículo da seguinte forma: "E ele era Deus, o Verbo", pois no texto, dá-se ênfase ao termo Deus.

antes da criação do mundo (Jo 1,14b). "Gerado" eternamente, não criado no tempo como todas as coisas que existem e aparecem no desenvolvimento da história, as quais foram proferidas desde sempre no Verbo, porque, se assim não fosse, em Deus haveria tempo e mudança e não verdadeira eternidade e verdadeira imortalidade[30]. Enquanto Unigênito, o Verbo está voltado constantemente para (*eis*) o seio do Pai, tendo com ele uma proximidade e uma familiaridade única (v. 18)[31].

A declaração central do prólogo é que o Verbo de Deus se fez carne, tomou feições humanas, tornando-se um de nós (v. 14)[32]. Quem tinha condição divina, e era igual a Deus, assume a condição de servo, aceitando a situação da criatura em toda a sua precariedade, esvaziando-se, vivendo na humilhação, aniquilando-se (Fl 2,6-11). Com efeito, o imortal entra na história, o transcendente sujeita-se ao tempo e ao espaço, superando o abismo que separa o Altíssimo do homem.

O Verbo divino torna-se, assim, um ser passageiro e mortal deste mundo, estabelecendo uma relação de solidariedade com cada ser, pois o termo "carne" (*sárx*), usado no texto, indica a condição de debilidade e de fraqueza de toda criatura, destinada à morte. Encarnando-se, o Verbo faz-se próximo da pessoa humana enquanto tal, independentemente da sua cultura, raça, língua ou religião.

A iniciativa desse projeto que nenhum humano poderia imaginar não depende do homem, mas da pura condescendência amorosa de Deus, como comenta Pedro Crisólogo: "As mãos que se dignaram pegar no barro para nos plasmar, também se dignaram assumir a carne para nossa recriação. Por conseguinte, se o Criador se encontra em sua criatura, se Deus está na carne, é honra para a criatura e não é injúria para o Criador"[33].

A afirmação causa admiração, até tira o fôlego, embora seja preparada pela revelação do Antigo Testamento, que mostra Deus próximo de seu povo, acompanhando-o nas vicissitudes da história, vendo e conhecendo os desafios que deve enfrentar, estreitando com ele uma aliança eterna, falando com Moisés no propiciatório por cima da arca (Ex 25,22; cf. 1Rs 6,13; 8,27). Também a

---

30. AGOSTINHO, *Confissões*, XI, 7, 9, op. cit., 336. O autor acrescenta: "Na tua palavra, nada aparece e desaparece, porque é realmente imortal e eterna. Com esta palavra, que é eterna como tu, enuncias a um só tempo e eternamente tudo o que dizes. E tudo o que dizes que se faça, realiza-se".

31. O "seio" é o lugar da intimidade, da comunhão, no qual a criança se forma (cf. Lc 16,23).

32. GREGÓRIO DE NAZIANZO, *Discurso* 45.9 (Patrologia Grega 45, 633-634), qualifica o Verbo de Deus como "Aquele que era antes do tempo, o Invisível, o Incompreensível, Aquele que está fora da matéria, o Princípio que se origina do Princípio, a Luz que nasce da Luz, a Fonte da vida e da imortalidade, a expressão do arquétipo divino, o selo que não conhece mudança, a imagem autêntica de Deus, aquele que expressa o Pai e é a sua Palavra".

33. PEDRO CRISÓLOGO, *Sermão* 147 (Patrologia Latina 52, 594-595).

Sabedoria, que saiu da boca do Altíssimo, não tem medo de fixar a tenda em Jacó e tornar-se o quinhão de Israel (Sr 24,8; Br 3,36-38).

Por meio desse rebaixamento inconcebível, que é escândalo e loucura para a razão humana (1Cor 1,24), revela-se "o poder e a sabedoria de Deus"; aliás, seu amor supremo pelas suas criaturas[34].

4.2. Jesus Cristo é o Verbo encarnado

Falando da encarnação do Verbo, o evangelista não faz uma afirmação genérica dizendo que o Verbo se encarna no universo ou na humanidade em geral. Toma carne na pessoa histórica de Jesus Cristo. Com efeito, a frase "cheio de graça e verdade", referida ao Verbo (Jo 1,14c), está em estreita relação com a expressão "a graça e a verdade nos vieram por Jesus Cristo" (v. 17).

Jesus é, então, o Verbo de Deus, feito homem, a verdadeira e definitiva palavra de Deus, sua expressão adequada, a Sabedoria divina que, de simples personificação do Altíssimo, se torna pessoa real, inferior ao Pai enquanto homem, mas da mesma natureza do Pai enquanto Verbo. É "o resplendor da glória de Deus e a expressão do seu ser", desde sempre pronunciado pelo Pai, como se realça na carta aos Hebreus (Hb 1,3). Por isso, a luz do Cristo-Verbo sempre existiu, mas nem sempre brilhou na história[35]. Resplandece de forma particular entre os seres humanos a partir do evento da encarnação, no qual Jesus se manifesta como "o Senhor de todos" (At 10,36).

Desta forma, a comunidade joanina repele decididamente toda perspectiva docetista e gnóstica, que, no final do primeiro século, em particular na Ásia Menor, desvaloriza o corpo material, considerando-o a prisão da alma, do qual é necessário se livrar. Proclama, assim, que a glória do Altíssimo brilha na carne de Jesus e, através dela, cada ser humano pode se aproximar de Deus, sem nenhum menosprezo da integralidade da criação[36].

---

34. Gregório de Nazianzo, na mesma passagem do discurso acima citado, afirma: "Deus, de certa forma, assumindo a humanidade, a levou à perfeição, reunindo na sua pessoa duas realidades distantes entre si, a saber, a natureza humana e a natureza divina. Esta conferiu a divindade e ela a recebeu".

35. BUSSCHE, H. van den, *Giovanni, Commento del vangelo spirituale*, Assisi, Cittadella, 1974, 79, 92. Cf. LÉON-DUFOUR, X., *Leitura*, v. I, 114-115.

36. Os hereges gnósticos pensavam ser mera ilusão a carne de Jesus (1Jo 2,18; 4,2; 2Jo 7). O termo "docetismo", do verbo grego *dokein*, significa "parecer", "ter o aspecto de", realçando que o Verbo só em aparência nascera, vivera e sofrera. Por isso, a comunidade joanina insiste na necessidade de "permanecer" na doutrina de Cristo, referente a ele e ensinada por ele, porque quem "vai além", ultrapassando o ensinamento apostólico, não possui a Deus e se afasta da Aliança (2Jo 9).

Papa Francisco acrescenta:

> Deus quis compartilhar a nossa condição humana, a ponto de se fazer um só conosco na pessoa de Jesus, verdadeiro homem e verdadeiro Deus. Contudo, existe algo ainda mais admirável. A presença de Deus no meio da humanidade não se concretizou num mundo ideal, idílico, mas neste mundo real, marcado por muitas situações boas e más, caracterizado por divisões, maldade, pobreza, prepotências e guerras. Ele quis habitar na nossa história como ela é, com todo o peso dos seus limites e dos seus dramas. Agindo deste modo, demonstrou de maneira insuperável a sua inclinação misericordiosa e repleta de amor pelas criaturas humanas. Ele é Deus conosco[37].

A afirmação exige fé e reconhecimento de que Deus atua na história humana. O judeu, educado no estreito monoteísmo, fica desconcertado diante desse anúncio. E o homem contemporâneo, moldado pela ciência e pela técnica, não aceita com facilidade que Jesus de Nazaré seja verdadeiramente o Verbo eterno de Deus feito homem. Só a luz que vem do alto pode modificar essas atitudes.

4.3. Jesus, manifestação da glória divina

Cientes de que o Verbo colocou a sua tenda entre nós, os membros da comunidade joanina proclamam com entusiasmo: "Vimos a sua glória"; mais exatamente, de acordo com o texto grego: "Contemplamos a sua glória" (*etheasámetha*)[38]. O verbo "contemplar" indica uma visão prolongada, uma experiência marcante, cheia de maravilha, proporcionada pelo Espírito Santo[39]. Significa ver com os olhos interiores o que passa despercebido a quem não acredita; trata-se de um ver complexo que ativa todos os sentidos espirituais do cristão. De fato,

> a visão é um sentido que resume todos os outros. Com efeito, mencionando a visão, entendemos normalmente todos os outros quatro

---

37. PAPA FRANCISCO, *Audiência geral* de 18 de dezembro de 2013.
38. Também no prólogo da primeira carta de João, que é uma releitura do prólogo do evangelho, redigido por ocasião do perigo do docetismo gnóstico, o autor destaca que a Palavra de vida foi vista com os olhos carnais, contemplada, ouvida e apalpada (1Jo 1,1-4). Cf. BROWN, R. E., *Lettere di Giovanni*, Assisi, Cittadella, 1986, 260-270; ZEVINI, G., L'esperienza di Dio nel Prologo della prima lettera di Giovanni (1Gv 1,1-4), *Parole, Spirito e Vita*, v. 30 (1994) 195-214.
39. TRAETS, C., *Voir Jésus et le Père en lui selon l'évangile de Saint Jean*, Roma, Pontificia Università Gregoriana, 1967.

sentidos, como quando dizemos: "Escuta e vê que suave melodia", "inspira e vê que cheiro bom", "saboreia e vê que bom sabor", "toca e vê como está quente". Sempre se diz "vê", embora a visão seja característica somente dos olhos[40].

Efetivamente, ninguém tem "olhos" no ouvido, no paladar ou nos dedos.

As primeiras testemunhas, relembrando os anos de vida passados com Jesus, são cativadas pela "glória" do Unigênito do Pai que se manifestou, isto é, pelo seu poder transcendente, sua grandeza e esplendor, pelo seu "peso"[41]. Trata-se da glória possuída por Jesus-Verbo, desde a criação do mundo (Jo 17,5), que se revelou nos sinais, realizados na sua vida histórica (2,11; 11,40) e, em particular, na paixão, apresentada como uma glorificação, na qual se desvela o amor de Jesus para a humanidade, até o sacrifício total (12,28; 13,31; 17,1). À luz desta certeza, o evangelista pode afirmar que o corpo de Jesus é a tenda repleta da glória de Deus (Ex 40,34-35), sendo o Filho eterno do Pai a revelação concreta do amor infinito do Altíssimo pelos seres humanos[42], embora, nesta situação histórica, a glória de Jesus se manifeste apenas em algumas ocasiões, pois normalmente permanece velada.

Longe de ser um evento fulgurante que chama a atenção e se impõe, é acessível somente pela fé, precisando da opção livre do fiel[43]. Os cristãos de todos os tempos, animados pela Palavra e pelo Espírito, estão certos da magnificência e do resplendor divino que emana do Verbo feito carne, tanto na liturgia, como na escuta da Palavra e nos eventos da vida, cientes, todavia, de que a glória do Unigênito brilhará em toda a sua claridade somente na escatologia.

4.4. Jesus, fonte de toda graça

O evangelista procura entender ainda mais profundamente a realidade do Verbo que colocou sua tenda entre nós. Proclama que está "cheio de graça e de verdade", deixando entrever a riqueza insondável e eterna que está presente nele. Com efeito, o termo "graça" (*cháris*) corresponde ao amor misericor-

---

40. AGOSTINHO, *Comentário do Evangelho de São João*, 121, 5 (Patrologia Latina 35, 1958).
41. O termo "glória", em hebraico, *kabod*, significa "peso".
42. GUILLET, J., *Gesù Cristo nel vangelo di Giovanni*, Roma, Borla, 1993, 8-29.
43. MAGGIONI, B., La mistica di Giovanni evangelista, in: ANCILLI, E.; PAPAROZZI, M. (org.), *La Mistica, Fenomenologia e riflessione teologica*, Roma, Città Nuova, 1984, 223-250, especialmente 224-230, compara a glória que se manifesta em Jesus à nuvem que, no Antigo Testamento, pairava sobre o monte Sinai, onde Deus se revelou (Ex 24,16), e sobre o sacrário no deserto (Ex 40,34), impedindo o contato direto com Deus e protegendo os filhos de Israel.

dioso de Deus e "verdade" (*alētheia*) indica a revelação definitiva do Altíssimo que se realiza por meio de Jesus[44]. As primeiras testemunhas da comunidade joanina afirmam, então, que Jesus é o dom da benevolência inesgotável do Pai, o qual manifesta a "verdade" permanente do projeto salvífico de Deus[45], levando à plenitude a revelação da *Torah*: "Pois da sua plenitude todos nós recebemos e graça por graça"[46] (Jo 1,16).

Não apenas as testemunhas oculares, mas todos os membros da comunidade joanina que aos poucos se formou – "todos nós" – confessam que receberam da inexaurível riqueza de Jesus "e graça por graça", "graça em substituição de graça", "graça em lugar de graça"[47], porque "a Lei foi dada por Moisés; a graça e a verdade nos vieram por Jesus Cristo" (1,17). Estão cientes de que o Filho encarnado é a fonte perene de santificação e dos dons escatológicos necessários para uma vivência plena.

Reconhece-se, assim, que a *Torah* é dom da graça de Deus que ilumina todo ser que vem neste mundo, a máxima expressão da sabedoria divina, antes da vinda de Jesus. Salienta-se, todavia, que o dom da verdade, proporcionado por Jesus, é superior porque revela plenamente à humanidade o desígnio redentor de Deus, oferecendo-lhe também os meios para realizá-lo. Nenhuma oposição, então, entre Antigo e Novo Testamento, mas um plano providente de Deus que chega à perfeição com o envio do Filho. A presença amante e condescendente de Deus, que se revela na economia veterotestamentária, alcança seu ápice na pessoa de Jesus, ao qual o Pai deu autoridade sobre toda carne (17,2)[48].

4.5. O dom de tornar-se filhos

Declarando: "A todos os que o receberam deu o poder de se tornar filhos de Deus; os que creem em seu nome, que não nasceram do sangue, nem da von-

---

44. O binômio "graça e verdade" tem uma relação com a expressão veterotestamentária, referida a Deus: ḥesed w^e 'emeth. DODD, C. H., *A interpretação do quarto Evangelho*, São Paulo, Paulinas, 1977, 238, realça que "verdade" ('emet), no Antigo Testamento, se identifica com a *Torah*, notando que no *Exodus Rabah* 39,1 se encontra a afirmação: "Como tu és 'emet, assim também tua palavra é 'emet, pois está escrito: 'Tua palavra, ó Deus, permanece estável no céu'" (Sl 119,89).
45. LÉON-DUFOUR, X., *Leitura*, v. I, 100.
46. O termo "plenitude" (*plērōma*) é característico das cartas deuteropaulinas (Ef 1,23; 3,19; 4,13; Cl 1,19; 2,9).
47. Na língua grega, a frase *cháris antì cháritos* não corresponde à tradução portuguesa "graça *sobre* graça", porque a preposição *antí* significa "em compensação", "em substituição" ou "em sucessão".
48. BUSSCHE, H. van den, *Giovanni*, 117.

tade da carne, nem da vontade do homem, mas de Deus" (1,12-13), o autor especifica em que consiste a graça oferecida aos seres humanos por causa da encarnação do Verbo. Trata-se da filiação divina.

O fiel pensa espontaneamente nos cristãos que, em Cristo, se tornam filhos, participando desde já, de modo real e misterioso, da vida divina que é plenitude de graça (17,26). A expressão, porém, encontra-se antes da menção ao evento da encarnação: "O Verbo se fez carne"; portanto, é preferível relacioná-la com os versículos anteriores. Desta forma, o evangelista declara que todos podem alcançar a condição de filhos, deixando-se iluminar pela luz poderosa do Verbo que brilha na criação e na história, a começar por Abel, Enoque, Noé, Melquisedeque, Jó, focando sua atenção em particular em Abraão e sua descendência que acreditam na palavra promissora de Deus[49]. Esta situação não é mera consequência da criação, como se todos, pelo simples fato de existir, fossem filhos de Deus, mas da aliança que Deus estreitou com a humanidade e com o seu povo Israel (Ex 4,22; Dt 1,31), a qual encontra plena realização com a morte e ressurreição de Jesus. Portanto, os membros da humanidade tornam-se filhos pela mediação de Jesus e do povo de Deus tanto do Antigo como do Novo Testamento.

De fato, todos os seres, por meio de uma escolha livre e deixando-se dirigir pela graça, podem ter certo conhecimento do Deus verdadeiro (Sb 13,1-9; Rm 1,20-21), afastando-se da idolatria (1Ts 1,9-10) e viver segundo a lei de Deus gravada em seus corações (Rm 2,14-15). Com efeito, reconhecendo (*pisteúein*) que a natureza criada proclama a sabedoria do Senhor (Sl 104,1-33) e que o Verbo de Deus acompanha os eventos humanos, opera-se neles uma nova "geração" (*egennéthesan*), a qual não depende do sangue ou da mera vontade humana, mas de Deus. Pois, quem é alcançado pela graça, sempre atuante no universo, adquire parâmetros diferentes para interpretar a realidade, vivendo com uma lógica que não é aquela da criatura deixada a si mesma, à mercê das suas paixões.

Não é simples determinar como e quando isso acontece. A criação é, contudo, a primeira revelação oferecida a todos os seres, a luz que permite conhecer o mistério de Deus e qual é a sua vontade, iluminando e dando vida. Além disso, cada ser criado traz em si a marca do Verbo, artífice da criação, porque "tudo foi feito per meio dele" (Jo 1,3). Com efeito:

---

49. A expressão "deu o poder" não indica que os seres humanos, por si mesmos, possam tornar-se íntimos de Deus; trata-se do convite a entrar em comunhão com Deus, que é um puro dom da benevolência do Altíssimo.

O Verbo de Deus imaterial e sem substância corruptível, estabeleceu sua morada entre nós, embora já antes não estivesse longe. De fato, nenhuma região do universo nunca esteve longe da sua influência, pois existindo junto com o seu Pai, enchia toda realidade com a sua presença[50].

Deus manifesta, assim, sua providência para cada pessoa humana e a conduz no caminho da salvação.

É bastante evidente que o termo "filho" pode ser aplicado de forma plena a quem entra em contato explícito com Jesus e aos que se deixam plasmar constantemente pela ação divina até chegar à santidade. Portanto, o povo cristão pertence de forma especial a Jesus, de modo semelhante a Israel, qualificado como "filho primogênito" (Ex 4,22; cf. Dt 14,1) e, como tal, distinto das nações que andam ainda nas trevas, amadas, porém, por Deus e chamadas à conversão (Sl 68,32-36)[51]. Revela-se, assim, que Deus quer salvar todos, alcançando os seres humanos em seus caminhos por meio de Jesus, mas de forma progressiva, sem intervir na história de modo abrupto.

5. De Jesus aos evangelhos

Seria ingênuo pensar que, no quarto evangelho, as palavras que Jesus pronuncia a respeito de si mesmo saíram exatamente dessa forma da sua boca, pois se sabe que nenhuma redação escrita, antiga ou moderna, pode ser comparada a uma gravação ou a um áudio que nos transmite rigorosamente o que fulano de tal disse. Não foram, todavia, inventadas pelo evangelista, mas baseadas no que Jesus revelou da sua pessoa durante a vida pública.

Com efeito, entre a pessoa histórica de Jesus e os evangelhos há duas mediações importantes.

Em primeiro lugar, a comunidade primitiva transmite e interpreta oralmente a mensagem do Mestre, por mais ou menos quarenta anos, fazendo uma seleção do material recebido com a finalidade de ajudar os fiéis a entenderem a identidade de Jesus, suas palavras e suas ações. Nesse tempo intermediário, procura-se mostrar a relação entre a mensagem de Jesus e a reve-

---

50. ATANÁSIO, *Discurso sobre a Encarnação do Verbo*, 8-9 (Patrologia Grega 25, 110-111).
51. Se o Verbo está presente na criação, revela-se também na história de Israel, como realça a frase: "veio para o que era seu", entregando ao povo eleito a tarefa de revelar às nações a transcendência do único Deus, libertando-as dos ídolos (Ex 19,5; Dt 7,7).

lação do Antigo Testamento, na certeza de que Jesus representa o clímax do projeto salvador de Deus, começado por Abraão[52]. As palavras e os fatos operados por Jesus são completados com a reflexão da Igreja, à luz da fé na ressurreição; são adaptados aos ouvintes, considerando as situações concretas da vida deles, fazendo acréscimos explicativos, sem a preocupação de indicar o momento exato em que os episódios aconteceram[53].

Em seguida, há a redação dos evangelistas que, a começar pelo ano 70 até o final do primeiro século, relatam por escrito os eventos recebidos pela tradição, escolhendo os mais significativos[54] e dando à narrativa um cunho particular, de acordo com as necessidades das comunidades às quais se dirigem. Cada autor organiza o material à sua disposição, insistindo num aspecto determinado da pessoa de Jesus, apresentando-o como servo sofredor, como mestre, como missionário, como o Filho unigênito do Pai. Acontece, assim, que Jesus, de pregador, se torna aquele que é pregado.

O prazo que separou o Jesus histórico da redação dos evangelhos[55] não é um elemento que coloca em dúvida a autenticidade da mensagem transmitida, pois, desde o início, as narrativas foram reconhecidas pela comunidade cristã como palavra inspirada. Representou uma chance a mais para aprofundar o conhecimento da pessoa de Jesus, fruindo da luz do Espírito Santo que sustentou e animou constantemente a Igreja. De fato, se a distância temporal pode apagar os pormenores de um evento, favorece a compreensão do seu sentido[56]. Os evangelhos, então, não são crônicas, nem biografias, mas inter-

---

52. As referências aos textos veterotestamentários, colocados na boca de Jesus, dependem, na maioria dos casos, da Igreja primitiva.

53. Não pode se duvidar da autenticidade histórica dos evangelhos, levando em conta a seriedade da transmissão do anúncio feito pelas comunidades primitivas bem estruturadas e vigilantes (At 8,14-17; 9,32; 11,22), o respeito pelas palavras de Jesus, documentado em vários textos do Novo Testamento (At 20,35; 1Cor 7,10,12.25), o enraizamento da figura de Jesus no mundo palestino da época, as expressões de teologia arcaica não mais condizentes com o momento da redação dos evangelhos (Mc 5,30; 6,34; 10,18.21; 13,32), a extrema coerência da Boa Nova em todas as camadas da tradição.

54. No final do seu evangelho, o próprio João declara que há "muitas outras coisas que Jesus fez e que, se fossem escritas uma por uma, o mundo não poderia conter os livros que se escreveriam" (Jo 21,25).

55. A redação definitiva do evangelho de João, entre os anos 90 e 120 d.C., aconteceu em Éfeso, cidade na qual a comunidade se fixou, após sua saída de Jerusalém por causa da guerra judaica. Marcos escreveu pelos anos 70 e Mateus e Lucas entre os anos 80-85 d.C.

56. O quarto evangelista mostra estar ciente disso, porque nos relatos da purificação do Templo e da entrada de Jesus em Jerusalém, realça que, só após a Páscoa e fortalecidos pelo Espírito, os discípulos tiveram uma compreensão mais completa dos gestos de Jesus (Jo 2,22; 12,16). A

pretações de fé da pessoa de Jesus, baseadas na história, à luz da Páscoa, fruto de um processo crescente de compreensão da sua identidade[57].

Verifica-se, assim, que as palavras com que Jesus se designa no quarto e nos outros evangelhos não são as mesmíssimas palavras que ele pronunciou na sua vida histórica – as *ipsissima verba Jesu*, segundo a expressão latina – coisa, de resto, impossível na época do evangelista. Trata-se da sua "própria voz" de Jesus – da *ipsissima vox* –, expressa com os termos que os evangelistas acharam mais aptos.

É mister esclarecer que as palavras que, na narrativa joanina, realçam a proximidade de Jesus com o Pai encontram uma clara fundamentação na tradição. A palavra *Abbá* que Jesus pronuncia na iminência da sua paixão, dirigindo-se a Deus (Mc 14,36), corresponde ao termo "papai", que é uma das primeiras palavras que a criança começa a balbuciar, junto com o termo "mamãe" (*immá*). Nenhum judeu teria a ousadia de dirigir-se ao Altíssimo dessa forma, como salientam textos e orações da tradição judaica, hoje amplamente pesquisados[58].

O termo na boca de Jesus é, portanto, algo excepcional, que realça a intimidade especial entre ele e o Pai. No momento de grande aperto, Jesus fala com Deus como faz um garotinho com seu pai, com a mesma simplicidade e o mesmo afeto, revelando assim sua ligação exclusiva com ele[59]. Não se pode, então, duvidar que a palavra foi proferida verdadeiramente por ele. Consequência disso é que as afirmações do quarto evangelho que salientam a familiaridade de Jesus com o Pai têm seu alicerce na história objetiva.

Da mesma forma, a expressão que pertence à fonte Q, anterior aos evangelhos sinóticos, composta por volta dos anos 60[60], coloca Jesus no mesmo

---

afirmação não pode ser limitada aos dois episódios, mas deve ser estendida a todo o evangelho, definido como "evangelho da lembrança".

57. Todo relato histórico é sempre fruto do evento e da interpretação do narrador, que deve ser a mais correta possível. Começa-se por uma pré-compreensão, isto é, por uma compreensão prévia do episódio, que deve ser verificada pelos fatos, por meio do dito "círculo hermenêutico".

58. JEREMIAS, J., *Abbá. El mensaje central del Nuevo Testamento*, Salamanca, Sígueme, 1982, 65-73.

59. O convite "segue-me" deve ser atribuído a Jesus histórico, pois na sociedade judaica é o discípulo que escolhe o mestre, não ao contrário, como ocorre no caso de Jesus (Mc 1,17; 2,13). Da mesma forma, a expressão: "Amém (em verdade) vos digo", colocada no começo da frase para indicar a autoridade de quem a pronuncia, é característica de Jesus, porque, no mundo judaico, com a locução se encerra uma oração ou uma afirmação importante.

60. A fonte Q (= *Quelle*, que na língua alemã significa "fonte") foi descoberta em 1838 por C. H. Weisse e C. G. Wilke. Trata-se de uma hipótese altamente provável. Nela encontram-se as palavras que Jesus pronuncia nos evangelhos de Mateus e Lucas e que não se encontram em Marcos

nível do Pai: "Tudo me foi entregue por meu Pai, e ninguém conhece o Filho, senão o Pai, e ninguém conhece o Pai, senão o Filho e aquele a quem o Filho o quiser revelar" (Mt 11,27; Lc 10,22). Isso indica que por meio do termo "Filho", a Igreja, desde o seu começo, teve consciência do vínculo especial que relacionava Jesus com Deus.

Também em outros textos dos sinóticos a comunidade expressa sua convicção da união particular que Jesus tem com o Pai, embora com termos menos explícitos do que no evangelho de João, como acontece no evento do batismo[61] e no episódio da Transfiguração, ricos de elementos simbólicos de gênero teofânico e apocalíptico[62]. Igualmente Paulo, em suas cartas, reflexo vivo da tradição da Igreja, escritas antes da redação dos evangelhos, salienta a relação particular de Jesus com Deus, chamando-o "Filho" (Rm 1,3; 1Cor 15,28; 2Cor 2,19; Gl 1,16; 4,4), a quem Deus ressuscitou dentre os mortos (1Ts 1,10). Por isso, confessa que Deus é "Pai de nosso Senhor Jesus Cristo" (Gl 1,1; Ef 1,3).

Na redação do Novo Testamento, verifica-se, então, um processo de compreensão progressiva da pessoa de Jesus, feita pelas comunidades, sem a pretensão de fazer um relatório rigoroso das suas palavras, nem uma curta-metragem das suas ações, pois, de acordo com J. A. Fitzmyer, as narrativas evangélicas são "anúncios destinados a propagar a fé cristã" baseados na história[63].

João conhece uma tradição independente daquela dos sinóticos, todavia, antiga e de igual valor histórico[64], que oferece informações complementares a respeito de Jesus, permitindo uma compreensão mais rica da sua figura[65]. Ele

---

Por isso, junto com o evangelho de Marcos, pode ser considerada a base da composição dos evangelhos de Mateus e de Lucas.

61. No batismo, a voz do céu proclama: "Tu és o meu Filho amado, em ti me comprazo" (Mc 1,11; Mt 3,17; Lc 3,21), relacionando as palavras: "Tu és meu filho, hoje eu te gerei", referidas ao rei Messias (Sl 2,7) com a frase: "Eis meu servo que sustento, meu eleito, no qual me comprazo", que qualifica a figura do servo do Senhor (Is 42,1). Proclama-se dessa forma, à luz da Páscoa, a unicidade da pessoa de Jesus. O detalhe da "voz" do céu indica que se trata de uma revelação.

62. Cf. Marcos 9,7; Mateus 17,5; Lucas 9,35. No evangelho de Marcos, escrito para uma comunidade latina de pagãos convertidos, o centurião romano, proclamando: "De fato, este homem era o Filho de Deus" (Mc 15,39), reconhece a identidade transcendente de Jesus no momento da sua horrível morte na cruz.

63. FITZMYER, J. A., *Domande su Gesù. Le risposte del Nuovo Testamento*, Brescia, Queriniana, 1987, 5-35, aqui, 18.

64. Em alguns casos, a narrativa joanina parece historicamente mais atendível.

65. Os sinóticos oferecem uma síntese da vida terrena de Jesus que dura apenas um ano, com uma só viagem da Galileia para Jerusalém. Em João, dura três anos, de acordo com as três Páscoas mencionadas (Jo 2,13; 6,4; 11,55); além disso, Jesus faz três viagens subindo da Judeia à Galileia. A topografia e cronologia do quarto evangelista explicam melhor alguns pormenores sinóticos

é apresentado segundo uma perspectiva mais condizente ao debate teológico do seu tempo, em que os fermentos da gnose começavam a se manifestar, insistindo no fato de que Jesus "veio na carne" (1Jo 2,22-24; 4,2). Essa observação indica que em todos os evangelhos há uma interconexão entre o tempo de Jesus e o tempo da comunidade; por conseguinte, os problemas da época do evangelista são resolvidos à luz do que Jesus fez e disse na sua vida pública.

À luz dessa situação, explicam-se os novos relatos, os novos sermões, os novos títulos cristológicos, a nova organização do material que caracterizam a narrativa joanina[66]. As palavras de Jesus, interpretadas à luz da ressurreição, explicitam o que ele mesmo declarou a seu respeito, de acordo com a tradição. Ajudam, assim, o fiel a entender quem é Aquele no qual colocou toda a sua confiança.

6. O fascínio do anúncio cristão

O prólogo do quarto evangelho é uma síntese da perspectiva cristológica do autor. Não deve ser entendido como uma mera reflexão teológica, relativa à encarnação do Verbo, mas como um hino que termina com a confissão pessoal da comunidade que reconhece com entusiasmo: "Nós vimos a sua glória, como a glória do Unigênito do Pai" (Jo 1,14)[67]. Manifesta-se, desta forma, a certeza de que o plano de salvação, o qual se desenvolve gradativamente na história, chegou à sua plenitude na pessoa de Jesus, após o tempo de preparação, representado pela história da humanidade e do povo do Antigo Testamento[68]. Unicamente com Jesus, Deus rompe o silêncio no qual estava envolto e o Verbo eterno recebe um nome. Verifica-se, assim, que só Jesus pode

---

(Mt 23,37; Lc 13,34). João conhece bem a cidade de Jerusalém, pois menciona o Templo (Jo 2,14; 7,14), o Pórtico de Salomão (10,22), a piscina de Betesda com cinco pórticos, de acordo com as descobertas recentes da arqueologia (5,2), a piscina de Siloé (9,6), a altura onde Jesus foi crucificado, chamada o lugar da Caveira, em hebraico Gólgota (19,17). Faz menção a vários lugares da terra de Israel: Caná da Galileia (2,1; 4,45), Betsaida, vilarejo de Pedro, André e Filipe (1,44; 12,21), Enom, perto de Salim, onde João Batista batiza (3,23), Betânia próxima de Jerusalém onde chama à vida Lázaro (11,1), Efraim, onde Jesus se retira, após a decisão do Grão Conselho dos judeus de eliminá-lo (11,54). Lembra também as festas dos judeus, recordando, além da Páscoa, a festa das Tendas (7,2) e a da Dedicação do Templo (10,22). O evangelista, então, não é desprovido de informações precisas a respeito do território em que Jesus viveu.

66. MAGGIONI, B., O evangelho de João, in: FABRIS, R.; MAGGIONI, B., *Os evangelhos*, v. II, São Paulo, Loyola, 1992, 249-497, especialmente 260-262.

67. DODD, C. H., *Interpretação*, 363.

68. JEREMIAS, J., *Abbá*, 305-317, aqui, 309.

"dar a conhecer" (*exêgeisthai*, 1,18)[69] adequadamente o Altíssimo, porque o viu e ouviu. Depois da sua pregação, toda palavra humana a respeito de Deus não passa de um pobre gaguejar[70].

À luz da palavra do evangelho, o cristão pode fazer uma experiência genuína de Jesus, sempre mais aprofundada, na oração e no silêncio, deixando-se iluminar pela força do Espírito que lhe fala, ciente de que o anúncio das primeiras testemunhas é a rocha firme sobre a qual é possível construir a existência, sem medo de desilusões. A compreensão gradativa do mistério da pessoa de Jesus o ajuda a entender a bondade infinita de Deus e a sua misericórdia sem limites, superando o desafio que o anúncio gera, num primeiro momento, no ser humano, parecendo algo absurdo, porque sobrepuja todo raciocínio humano.

Trata-se de um trabalho que exige perseverança e desejo constante de afastar de si as nuvens que impedem ver o sol brilhar, embora nesta existência seja possível entrever somente um raio da majestade divina do Verbo que habita entre nós[71]. Só dessa forma a contemplação torna-se vida.

À luz dessas considerações, entende-se o porquê da proclamação neotestamentária de que tudo deve ser recapitulado em Cristo, imagem do Deus invisível e primogênito de toda criatura (Ef 1,10; cf. Cl 1,15-20). Com efeito, se tudo é obra do Verbo que se encarnou em Jesus, redimindo com o seu sangue todas as coisas, é lógico que, segundo o plano providente de Deus, toda a realidade humana restaurada e salva, deve participar da glória do Unigênito do Pai.

A fim de que o Verbo eterno de Deus, feito carne, morto e ressuscitado, se torne sempre mais uma experiência viva na existência concreta dos fiéis, o quarto evangelista apresenta as grandes linhas espirituais do caminho cristão, que é necessário analisar.

---

69. O verbo grego pode significar também: "conduzir", "guiar", "indicar o caminho". É preferível o sentido figurado de "contar", "explicar em detalhes", "revelar o que é impossível manifestar". A resposta à questão referente a Deus: "Quem o viu e poderia descrevê-lo? Quem poderia glorificá-lo como merece?" (Sr 43,31), é dada somente por Jesus.

70. Moisés, que pede a Deus para ver a sua face, não é atendido (Ex 32,18-23), porque, nesta vida, ninguém pode ver a Deus e permanecer vivo (Jz 13,21-22).

71. As primeiras heresias procuraram contestar a autêntica fé cristológica, subordinando Jesus ao Pai ou considerando-o como um simples ser criado, negando sua pertença à esfera divina. A diatribe travada nos primeiros Concílios da Igreja foi dura. A amplíssima maioria dos bispos confirmou a fé bíblica, condenando os opositores.

Capítulo 2
ACREDITAR

O encontro com Jesus, em seu mistério transcendente, é uma experiência de fé, como declara o autor, no final do evangelho, afirmando que a finalidade da sua obra é ajudar os leitores a acreditar que Jesus é o Cristo e o Filho de Deus, a fim de que, acreditando, alcancem a vida em seu nome (Jo 20,31). Jesus deve ser reconhecido como o Messias esperado pelo Antigo Testamento e, ao mesmo tempo, como o Filho de Deus, no sentido pleno do termo, pois é o Verbo que se fez homem, morreu e ressuscitou para a salvação do mundo.

"Acreditar" (*pisteúein*) é uma palavra concreta que se refere a eventos históricos precisos. No Antigo Testamento, o povo eleito crê no Deus que o liberta da escravidão do Egito e o conduz à terra esperada. O evangelista prefere esse verbo ao termo abstrato "fé" (*pístis*) que nunca se encontra no quarto evangelho, a não ser, uma vez, na primeira carta de João (1Jo 5,4). Acreditar indica melhor o caminho real que cada ser deve fazer para encontrar-se com Jesus, superando desafios e obstáculos, indo contra a mentalidade corriqueira que rejeita a revelação do Altíssimo. De fato, não se trata de aceitar uma bagagem de ideias, mas de reconhecer que Jesus é o enviado definitivo de Deus, a palavra de salvação oferecida a todos.

Três verbos do Antigo Testamento representam o pano de fundo do termo grego "acreditar" (*pisteúein*). A palavra *he'emin*, que significa "aderir", "ficar firme", colocando toda confiança naquele que é fiel; *batah*, que corresponde a "estabelecer a própria segurança em quem dá proteção", eliminando toda inconstância e flutuação; e *hasá*, que indica "procurar refúgio", "encontrar abrigo" em quem é mais poderoso, abandonando-se a ele. Todos esses termos salientam a precariedade do ser humano e a necessidade de encontrar no outro um apoio e um sustento. Implicam, também, a decisão pessoal de aderir a quem pode libertá-lo do mal, determinando uma nova dinâmica na existência.

Fiel ao seu propósito de concretude, o autor apresenta na narrativa processos efetivos, através dos quais os personagens do evangelho passam do interesse inicial pelas palavras e gestos de Jesus à maravilha e ao estupor por sua pessoa, tornando-se discípulos, reconhecendo nele a pedra angular que dá firmeza à existência.

Com a palavra "acreditar", o autor refere-se a uma atitude global que inclui todo o processo de mudança de vida que a boa nova do evangelho produz em quem a escuta com disponibilidade e atenção. Implica a "conversão" (*metánoia*) sincera e progressiva, termo característico dos sinóticos (Mc 1,15), nunca usado no quarto evangelho, a decisão lúcida e perseverante de continuar na caminhada, o pedido de perdão nos momentos de fraqueza. "Crer" modifica a vida concreta, o modo de proceder do ser humano, excluindo toda artificialidade, todo aspecto intelectualista, para abraçar uma nova forma de existência, na qual se manifesta exteriormente a convicção profunda que amadureceu no interior da pessoa. Trata-se da consequência visível do encontro com Jesus vivo, às vezes repentino e imprevisto, de uma descoberta que se impõe gradativamente, mas inexoravelmente.

No evangelho de João, encontram-se os que acreditam em Jesus com espontaneidade e os que se recusam a crer, satisfeitos de respirar o ar poluído das tradições humanas. Nunca é apresentado o caminho de quem, partindo de uma situação de incredulidade, chega lentamente ao reconhecimento de que Jesus é o Salvador. Isso depende da ruptura que existe no mundo judaico, no final do primeiro século, entre os discípulos que aderem a Jesus e o judaísmo incrédulo. Trata-se de uma foto estática da realidade da época do evangelista, sem possibilidade de mudança. Isso salienta que, no relato joanino, ainda mais que nos sinóticos, Jesus aparece como pedra de escândalo, elemento de contestação, com o qual cada pessoa deve confrontar-se.

1. Variedade de linguagens

À diferença dos autores neotestamentários, o evangelista utiliza com frequência a frase "acreditar em", na qual a preposição "em" (*eis*) indica movimento, aproximação, dinamismo, apontando para um encontro entre duas pessoas[1]. A expressão realça que crer em Jesus equivale a estabelecer uma relação interpessoal com ele, autêntica e duradoura, reconhecendo sua identidade trans-

---

1. A construção do verbo crer (*pisteúein*) com a preposição *eis* não aparece nos sinóticos.

cendente. A iniciativa não é do ser humano, mas do próprio Ressuscitado, que se lhe revela num particular momento da sua história, iluminando-o com a sua luz. A experiência transforma radicalmente a pessoa alcançada pela graça. Isto acontece de formas muito diversificadas, de acordo com a sensibilidade, a cultura e as experiências passadas de cada ser. Cada um vive de modo particular sua experiência de fé. Verifica-se algo semelhante ao encontro com a pessoa amada, com a qual se deseja partilhar a vida de forma total. Nada é mais como antes.

Também, com o registro da "sede", manifesta-se a necessidade de crer em Jesus. É preciso ter sede da água pura que brota de Deus, diferente da água das cisternas rachadas, porque "quem beber da água que eu lhe darei, nunca mais terá sede, pois a água que eu lhe der, tornar-se-á nele uma fonte de água jorrando para a vida eterna" (Jo 4,13.14; 7,37). O tema da sede conjuga-se com o da fome, fazendo referência a duas exigências fundamentais do ser humano. Por isso, Jesus exorta a "trabalhar não pelo alimento que se perde, mas por aquele que perdura até a vida eterna" (6,27). A exortação a procurar o alimento que permanece corresponde ao convite a crer naquele que Deus enviou (v. 29). Ter sede e fome de Jesus significa procurá-lo com um compromisso sério, com pureza de coração (5,44; 7,18), com uma atitude livre de interesses pessoais (6,26).

Acreditar equivale, também, a "escutar" a voz de Jesus (10,3.16.27; 18,37), acatar sua palavra com espírito de disponibilidade (5,24; 8,43.47), sem se deixar escandalizar pela sua aparente dureza (6,60), na consciência de que ela abre horizontes novos (8,28.43; 10,14.38)[2]. Essa atitude acarreta um espírito de acolhida (3,11.33; 5,43; 12,48), vencendo obstáculos e sugestões negativas.

A escuta leva ao movimento, isto é, a "ir" a Jesus (5,40; 6,44.65). Quando essa decisão se torna constante, corresponde a "segui-lo" com firme vontade (8,12; 10,4.27; 12,26), a "caminhar" nas suas veredas, andando na luz e não nas trevas (8,12), na certeza de estar na estrada certa, pois Jesus é luz esplendorosa que ilumina todo homem (1,9). À medida da sua perseverança, cresce no cristão a convicção de estar pisando no terreno sólido, porque Jesus garante-lhe interiormente que ninguém poderá arrebatá-lo da sua mão poderosa (10,28).

Acreditar em Jesus implica, então, uma multiplicidade de atitudes que enriquecem o fiel, o qual, atingido pela graça divina, deseja viver em familiaridade com o seu Senhor, tornando-se cada vez mais ciente do que significa

---

2. Na revelação bíblica, "escutar" é mais importante do que "ver", que caracteriza as religiões pagãs, sedentas de milagres e de fatos prodigiosos.

ser cristão. Liberto do vazio que existe no coração humano quando não se encontra o que satisfaz plenamente, não deixa de agradecer.

Como no Antigo Testamento, o povo de Israel, aderindo ao Senhor, encontra a firmeza e o equilíbrio que os eventos humanos não podem conferir, da mesma forma o cristão, experimentando o contraste inexplicável entre o seu desejo de absoluto e a sua fragilidade existencial, está seguro de que o anúncio de Jesus salvador não é uma superestrutura, criada pelos homens, mas um dom que vem do alto e lhe oferece uma explicação de suas mais profundas exigências interiores.

2. Pressupostos para crer

2.1. Atração do Pai

No sermão da sinagoga de Cafarnaum, diante dos ouvintes que o consideram o "filho de José", Jesus salienta que crer nele como enviado do Pai depende da atração de Deus, pois "ninguém pode vir a mim, se o Pai que me enviou, não o atrair" (*helkýsē*, 6,44). Quando, no mesmo episódio, muitos discípulos consideram inaceitáveis suas palavras, Jesus retruca: "Ninguém pode vir a mim, se isto não lhe for concedido (*didōmi*) pelo Pai" (6,65). "Atração" e "concessão" são termos equivalentes. Indicam uma ação que sobrepuja o poder humano, a intervenção da benevolência divina que quer o bem das suas criaturas.

Acreditar, então, significa aceitar esta atração, aderindo com gratidão à pessoa de Jesus, após ter compreendido que se trata de um gesto razoável e baseado em motivos sólidos. Não está em jogo tanto o destino eterno do ser humano, mas sua realização neste mundo, encontrando o caminho certo e libertador, pois, no trecho, Jesus não reprova os seus seguidores que recusam continuar a sua caminhada com ele; não condena ninguém, nem Judas que o vai entregar. Limita-se a reconhecer a prioridade da ação divina e, ao mesmo tempo, o mistério da liberdade humana que pode rejeitar o que constitui sua bem-aventurança. Afirma, dessa forma, que Deus é sempre o primeiro e que o ser humano é chamado a colaborar com ele na realização de um plano que ultrapassa sua compreensão, ciente de que a escolha de um é sempre para o bem de todos, como aconteceu com Abraão que, confiando na palavra de Deus, deixa a casa de seu pai, tornando-se uma bênção para todas as famílias da terra (Gn 12,1-3).

Deus realiza esta atração que está na base da caminhada de fé, por meio da graça que age nos corações, orientando as vontades, fazendo com que o ser humano escolha o que lhe é mais útil, arrancando-o de perspectivas erradas que podem prejudicar seriamente a sua vida. Trata-se de uma ação silenciosa, imperceptível, respeitosa das pessoas, pois Deus não faz barulho nas suas intervenções e deixa os seres humanos sempre livres.

O Antigo Testamento destaca que a atração de Deus está relacionada com o amor, como afirma Jeremias: "Eu te amei com amor eterno, por isso te atraí (*héilkysa*) em minha misericórdia" (Jr 38,3, LXX) e, com uma frase semelhante, Oséias: "Eu os envolvia (*exéteina*) com atrativos humanos, com laços de amor" (Os 11,4). Atração de Deus e amor pela criatura se entrelaçam. Por isso, a atração não se opõe à vontade de quem é atraído, aliás, a fundamenta e a fortalece. Não tem nada a ver com a força de persuasão, e ainda menos com a predestinação, de acordo com certa visão protestante, pois, no Novo Testamento, Deus predestina todos a serem conformes à imagem do seu Filho Jesus (Rm 8,29). Para entender isso, é preciso sentir interiormente o toque de Deus que convida o fiel a aderir ao seu desígnio de amor, sem forçá-lo, mas oferecendo-lhe uma oportunidade de libertação.

Não existe, então, no texto joanino, qualquer visão determinística ou particularista. Ninguém é excluído. Todos recebem o convite de Deus para encontrarem valores sólidos e verdadeiros que não decepcionam, sejam eles os que pertencem à fileira da Igreja, ou os que vivem sobre a face da terra e são criaturas amadas por Deus. Por conseguinte, o evangelista acrescenta que nos profetas está escrito: "Todos serão ensinados por Deus", tornando universal a perspectiva que um tempo fora reservada ao povo de Israel[3]. Mencionando os profetas, o autor realça que a compreensão da Escritura é um elemento privilegiado para se tornar cientes da atração de Deus, que, como um ímã, age nos corações, e para entender o seu desígnio de salvação universal.

O quarto evangelista não somente realça que o Pai atrai a si os seres humanos. Também Jesus na cruz faz isso, como ele mesmo declara: "Quando eu for elevado da terra atrairei todos a mim" (*helkýsō*, Jo 12,32). Jesus atrai por meio do seu sacrifício redentor, por seu desejo de resgate da humanidade pecadora, afastada de Deus, mostrando aos seus que estavam no mundo o seu amor até o ponto supremo (13,1). A atração depende, então, da força irradiadora do Crucificado que é o Verbo feito homem, assim como da capacidade do ser humano de entender o valor desse sacrifício.

---

3. João 6,45 modifica a citação de Isaías 54,13, em que a frase "todos os teus filhos" corresponde aos membros do povo hebraico. A palavra do profeta Jeremias que declara: "ninguém mais ensinará seu próximo ou o seu irmão dizendo: 'Conhecei ao Senhor', porque todos me conhecerão, dos menores aos maiores" (Jr 31,33a), vai se cumprir na nova e definitiva Aliança, realizada pelo Espírito.

Há, pois, na narrativa joanina, a atração do Pai e a atração de Jesus. Não se trata de ações distintas, mas de gestos que se complementam entre si. O Pai atrai para que se reconheça em Jesus a sua última e definitiva palavra que leva à plenitude a revelação antiga; Jesus atrai impulsionando o ser humano a entender o seu amor sem limites e a sua relação especial com o Pai. Acrescentando: "Todo aquele que ouviu do Pai e aprendeu vem a mim", deixa entender que a atração do Pai, à luz da revelação, se torna ensinamento que, compreendido, orienta para ele (6,45)[4]. Ensinando a reconhecer a identidade de Jesus, o Pai arranca o ser humano do poder das trevas, como faz o pescador com os peixes que vivem no fundo do mar (*heílkysen*, 21,11), e o coloca nas mãos do Filho, dando-lhe vida nova[5].

2.2. Geração do alto

Reconhecendo que Jesus é um mestre que vem de Deus por causa dos sinais que realiza, Nicodemos mostra uma compreensão superficial dele que deve ser aprofundada. O que lhe falta é "renascer", pois somente desse modo poderá "ver" o Reino de Deus (3,3), isto é, "entrar" nele (v. 5).

Não é suficiente o nascimento humano (9,2; 16,21), que gera para este mundo passageiro. É preciso um começo novo, que consiste em conhecer Jesus que transfigura a existência, pois a frase "reino de Deus", pouco usada no quarto evangelho, é geralmente interpretada em sentido cristológico. O termo grego *ánōthen*, que caracteriza o novo renascer, tem um duplo sentido; pode significar "de novo", ou "do alto". Nicodemos entende a palavra de Jesus de um ponto de vista físico, então como algo absurdo, pois ninguém pode entrar uma segunda vez no seio da mãe e ser gerado novamente. O raciocínio de Nicodemos parece rigoroso, mas falho, porque usa parâmetros humanos para entender realidades que o sobrepujam. Seu mal-entendido ajuda o leitor a compreender o verdadeiro sentido da afirmação de Jesus[6].

Somente por meio de uma nova geração, operada por Deus e baseada na fé, alcança-se um novo nível de existência, iluminado pela certeza de que Jesus é a revelação definitiva do Pai. Para que isso se realize, é preciso de uma nova "semente" vivificadora (1Jo 3,9). De fato, como todo nascimento requer um

---

4. LÉON-DUFOUR, X., *Leitura*, v. II, 112-115.
5. BUSSCHE, H. van den, *Giovanni*, 303.
6. O mal-entendido é um gênero literário usado pelo quarto evangelista (Jo 3,10; 4,10-15; 6,41-47).

germe de vida, também a geração sobrenatural o exige, não fazendo exceção. Este germe identifica-se com o Espírito Santo que, apoderando-se do ser humano, muda qualitativamente sua existência, fazendo com que a fé em Jesus possa florescer no seu coração. Com efeito, "quem não nasce da água e do Espírito não pode entrar no reino de Deus" (Jo 3,5)[7]. Mencionando tanto a água como o Espírito, o texto faz referência ao primeiro sacramento da iniciação cristã (Tt 3,5), praticado desde o início da comunidade primitiva (At 2,38).

De fato, deixado a si só, o ser humano não conseguiria elevar-se acima da sua condição mortal, pois "o que é gerado da carne é carne e o que é gerado do Espírito é Espírito" (Jo 3,6). Entre o mundo de Deus e o dos homens há uma distância infinita que pode ser preenchida somente pela intervenção de Deus que comunica o seu Espírito vivificador. Só a energia divina, que toma posse da criatura caduca e frágil, tem o poder de abri-la para o mistério de Deus. O Espírito não sara as fragilidades do ser humano, nem elimina as suas responsabilidades, mudando o seu temperamento, mas age potentemente nele, aclarando sua consciência e sustentando-o na ação.

Nicodemos, homem da Lei, cuja vida é toda orientada por normas precisas, fica confundido ouvindo falar da força divina do Espírito, que, atuando no ser humano, o renova, indicando-lhe novas possibilidades de existência[8]. A comparação do Espírito com o vento que "sopra onde quer e ouves seu ruído, mas não sabes de onde vem e para onde vai", não ajuda Nicodemos a entender melhor o que significa ser gerado do alto. Aliás, fica ainda mais perplexo, devendo reconhecer que a operação do Espírito de Deus não pode ser controlada pelo ser humano, porque produz efeitos novos e surpreendentes, como faz o vento, o qual, no Antigo Testamento, é um fenômeno cheio de mistério que escapa ao domínio humano (Ex 14,21; 1Rs 19,11)[9]. Limita-se, portanto, a perguntar: "Como pode isto acontecer?".

A palavra final de Jesus zomba dele que é "o mestre" em Israel, mas não sabe compreender a ação de Deus nos corações, embora os profetas falem

---

7. Na narrativa joanina, a água é o símbolo do Espírito que renova o ser humano (Jo 7,37-39; cf. 4.10.13-14). Em Tiago 1,18.21; 1 Pedro 1,22-25, destaca-se que a "palavra da verdade" faz renascer o homem pecador. Não há qualquer contradição com a afirmação joanina, porque Espírito e Palavra são realidades entre si relacionadas. O Espírito dá eficácia à Palavra, que entrando nos corações os transforma.

8. Nicodemos mostra a superficialidade do seu conhecimento das Escrituras.

9. Nota-se que as frases "de onde vem" e "para onde vai" são aplicadas pelo evangelista também a Jesus (Jo 8,14-15). Como o Espírito, também ele não pode ser definido com simples categorias terrestres, porque o mistério da sua identidade ultrapassa o pensamento humano.

com clareza do Espírito de Deus, esperado pelos tempos escatológicos (Is 11,2; 32,15; 44,3; Ez 36,23-27).

É evidente que o novo nascimento do qual fala Jesus não é uma comparação retórica, mas uma realidade da qual é preciso fazer uma experiência pessoal, porque determina uma verdadeira reconstituição do ser[10]. Entrar no reino de Deus, acreditando em Jesus, acarreta, então, a necessidade de deixar-se moldar pela ação transformadora de Deus que, por meio do seu Espírito, trabalha no íntimo da pessoa, conduzindo-a a quem tem palavras de vida.

2.3. Instrução do Espírito Santo

O evangelista continua sua reflexão sobre o Espírito realçando que só ele pode proporcionar o conhecimento pleno da pessoa de Jesus, embora em João nunca se fale de uma relação direta entre intervenção do Espírito e ato de crer. Com efeito, enviado por parte do Pai em nome de Jesus glorificado, o Espírito "ensinará e recordará" tudo o que disse Jesus na sua vida pública (Jo 14,26).

Os dois verbos são significativos. O Espírito ajuda a interpretar autenticamente a figura de Jesus e a lembrar as palavras e os sinais que ele realizou, permitindo a sua assimilação por parte dos fiéis, conforme a sua cultura e as suas capacidades. Não se trata de ações distintas, pois, o Espírito ensina recordando e recorda ensinando, fazendo compreender sempre mais ao cristão a identidade do enviado de Deus (14,24). Mostra, assim, o verdadeiro sentido de eventos históricos que ainda estão na lembrança dos seguidores de Jesus.

Com efeito, os discípulos não entenderam logo o significado de muitos episódios da vida de Jesus e precisaram de tempo para chegar a uma compreensão mais adequada deles. Não entenderam, por exemplo, o sentido da narrativa alegórica do bom pastor (10,6), nem as palavras de Jesus referentes à sua partida e à sua volta, tanto que confessam: "Não sabemos de que fala" (16,17-19). Da mesma forma, Jesus responde a Pedro que se recusa a deixar-se lavar os pés: "O que faço não o compreendes agora, mas o compreenderás mais tarde" (13,7). Somente à luz do evento pascal o entendimento dos discípulos a respeito de Jesus se torna completo, superando toda obscuridade.

É o Espírito que possibilita entender quem é, de verdade, Jesus de Nazaré, pois ele é o "Espírito da verdade", aquele que conduz à verdade plena

---

10. À diferença de Paulo, João não fala de forma explícita da necessidade de recusar as obras da carne, vencendo as paixões (Gl 5,16-24), pois é convicção da comunidade joanina de que, vivendo sob a moção do Espírito, o cristão anseia necessariamente pela vida nova que Jesus dá a quem acredita nele (Jo 6,40.44.54).

(16,13), seja mostrando a riqueza do ensinamento de Jesus, seja revelando o mistério da sua pessoa que é "o caminho, a verdade e a vida" (14,6). Somente por meio do Espírito, que ilumina e fortalece, é possível acreditar no Filho que o Pai enviou ao mundo (6,29).

Jesus assegura que rogará ao Pai a fim de que o Espírito fique para sempre com os discípulos, permaneça junto deles e esteja neles (14,15-17). Com as expressões "convosco", "junto de vós" e "em vós", que se completam reciprocamente, Jesus certifica que o Espírito será o companheiro dos discípulos em todas as situações de sua vida, assim como o seu auxiliar e assistente nos momentos de necessidade e também a luz interior, que continuará iluminando e dirigindo seus passos[11]. Dessa forma, o Espírito colaborará para o amadurecimento da fé dos discípulos, permitindo-lhes um encontro sempre mais pessoal e esclarecido com Jesus. Anunciar-lhes-á também "as coisas futuras" (16,13), não oferecendo novas revelações que acrescentam algo ao evangelho, mas ajudando os fiéis a interpretar os eventos humanos, sempre diferentes, à luz da palavra de Jesus. O Espírito, portanto, nunca acabará de sustentar e de auxiliar a fé do cristão ao longo da sua existência.

3. Variedade dos caminhos de fé

Acreditar não é a consequência de uma inclinação natural que somente alguns possuem, mas de uma escolha consciente, possível para todos, a qual acarreta o engajamento responsável de toda a existência, confiando em Deus. Significa caminhar sobre as águas, respondendo à palavra de Jesus que convida dizendo: "Vem" (Mt 14,28-29). O evangelista oferece vários exemplos de personagens que chegam a acreditar em Jesus, os quais, passando por provações e dificuldades, alcançam segurança e alegria interior.

3.1. Crer, experimentando a longanimidade de Jesus

Nas bodas de Caná, a quantidade de água transformada em vinho é enorme para um casal modesto da periferia da Galileia, embora a festa dure sete dias (Jo 2,1-11). Trata-se de algo extraordinário: entre 480 e 720 litros de vinho, pois cada uma das seis talhas para a purificação dos judeus, que se encontravam na

---

11. As frases assumem seu sentido pleno à luz da realidade da Aliança que Deus estabelece com o seu povo (Ez 36,26-28; Jl 3,1).

sala, contém de dois a três "metretas" de água, e ao metreta corresponde cerca de 40 litros. O evento chama a atenção, mostrando a generosidade de Jesus e a superabundância dos seus dons, tirando os noivos de uma situação embaraçosa. A ação de Jesus que opera o milagre não é descrita, pois, no relato, realça-se apenas que os serventes enchem de água as talhas e o mestre-sala prova da água transformada em vinho. O sinal fica cercado de mistério.

O gesto de Jesus, totalmente inesperado, feito em total obediência à vontade de Deus e independente dos pedidos familiares, fortalece a fé dos discípulos, alguns dos quais já tinham manifestado sua admiração por Jesus, após terem permanecido com ele um dia inteiro (1,35-42)[12]. Jesus nunca deixa indiferentes. Quando se tem a sorte de encontrá-lo e conhecê-lo pessoalmente, a adesão a ele torna-se quase espontânea.

Por meio da narrativa, o evangelista não quer somente relatar o evento extraordinário, mas ajudar o leitor a entender que com a chegada de Jesus a economia veterotestamentária, representada pelas talhas, acabou sua função, encontrando sua plena realização no vinho bom, oferecido por Jesus. As talhas que servem para a purificação dos judeus, de fato, são seis, número da imperfeição, de pedra, o material sobre o qual foi escrita a Lei do Sinai, e estão vazias, sem capacidade de renovação. Pelo contrário, o vinho, na tradição bíblica, caracteriza a época messiânica, esperada como um momento de realização plena, porque, segundo a palavra do profeta, "as montanhas ficarão gotejantes do suco das uvas e ele escorrerá de todas as colinas", como uma esplêndida cachoeira que dá alegria e vida (Am 9,13; cf. Jl 4,18).

No relato, colocando nos lábios do mestre-sala as palavras, dirigidas ao noivo: "Tu guardaste o bom vinho até agora", enquanto "todo homem serve primeiro o bom vinho e, quando os convidados estão quase embriagados, serve o pior", não se nega a bondade do vinho do Antigo Testamento, servido por primeiro, reconhecendo que é bom, mas destaca-se que o vinho do Novo, oferecido depois, é melhor (Jo 2,10). A narrativa é claramente cristológica e quer mostrar que Jesus leva a cumprimento a antiga economia da salvação, iniciando um tempo novo. Entre os dois momentos há continuidade e a pessoa de Jesus representa o ápice de todas as esperanças veterotestamentárias.

No texto, a figura da noiva não é mencionada e a do esposo é totalmente insignificante; por isso, o elogio que o mestre-sala lhe faz deve ser interpretado como dirigido a Jesus. Com efeito, logo após a manifestação de apreço, no versí-

---

12. Os discípulos são apresentados como um grupo já constituído, acompanhando Jesus desde o começo do seu ministério.

culo seguinte, o autor acrescenta: "Este início dos sinais, Jesus o fez em Caná da Galileia". A figura do esposo sobrepõe-se à de Jesus, deixando entender que ele é o verdadeiro esposo da nova aliança de Deus com a humanidade (3,29).

Enquanto ressuscitado, Jesus realiza em plenitude o plano de salvação que começa com Abraão. Alguns detalhes destacam isso. A palavra "hora", que aparece na expressão: "Minha hora ainda não chegou", com a qual Jesus responde à sua mãe, que quer evitar aos noivos uma situação desagradável (2,4), tem a ver com o momento da sua morte e ressurreição. Igualmente o termo "glória", na frase "manifestou a sua glória" (v. 11), refere-se aos sinais operados por Jesus na sua vida histórica, mas de modo particular à sua vitória sobre a morte. Também a notação temporal "no dia, o terceiro", com que começa o relato, evoca o momento pascal (Lc 18,33; 1Cor 15,3-5). É, então, o evento da Páscoa que permite compreender o sentido autêntico do sinal de Caná.

Os discípulos, estimulados por esta grandiosa manifestação de poder, aderem à pessoa de Jesus com entusiasmo e disponibilidade. A mãe que confia na intervenção do Filho, apesar da inicial palavra circunspecta de Jesus, e os servos que enchem as talhas até à borda, tornam-se os representantes do novo Israel que se abre ao advento do Messias.

3.2. Crer, superando as resistências interiores

Na narrativa não se fala explicitamente da fé da Samaritana que se encontra com Jesus no poço de Sicar. Todo o relato, porém, leva a pensar que ela acreditou por tornar-se a testemunha de Jesus para os seus conterrâneos, os quais, após passarem com ele dois dias, declaram: "Nós próprios o ouvimos e sabemos que este é verdadeiramente o Salvador do mundo" (4,42). A fé dos samaritanos permite, então, incluir a mulher da Samaria entre os discípulos de Jesus.

O caminho para alcançar esse objetivo encontra dificuldades. Os preconceitos, que na época de Jesus vigoravam entre os judeus e os samaritanos, constituem o primeiro obstáculo (4,9). O relato diz que "era preciso" (*édei*) que Jesus, viajando da Judeia para a Galileia, passasse pela Samaria. Não se trata de uma necessidade geográfica – pois havia outro caminho ao longo do Jordão para chegar ao norte da Palestina – mas de uma necessidade teológica, porque, de acordo com o plano de Deus, devia se realizar a conversão dos samaritanos.

Jesus apresenta-se como sedento, mas tem água suficiente para apagar a sede da mulher. No primeiro momento do encontro, procura manifestar a sua identidade (4,10-12), declarando ser aquele que pode oferecer "água viva" a ela e a todos os sedentos: "Se conhecesses o dom de Deus e quem é que te diz: Dá-me de beber, tu é que lhe pedirias e ele te daria água viva". Ele mesmo é essa água viva, o verdadeiro dom de Deus, que leva a cumprimento o dom da *Torah*, feito ao povo de Israel. A revelação é misteriosa e, de certa forma, abrupta. Por isso, a Samaritana não entende, interpretando materialmente as palavras de Jesus e zombando dele. Pergunta-lhe se, porventura, é superior a Jacó que cavou o poço e deu de beber a filhos e animais. A primeira tentativa de abrir uma brecha no íntimo da mulher fracassa. Mas Jesus continua firme na sua obra de convencimento, pois conhece as reações do coração humano.

Na segunda revelação, continua falando da água viva que ele dará no futuro, não mais no presente, que se tornará em quem a receber uma fonte viva: "Todo aquele que bebe desta água terá sede novamente; mas quem beber da água que eu lhe darei, nunca mais terá sede. Pois a água que eu lhe der tornar-se-á nele uma fonte de água que jorra para a vida eterna" (4,13-14). Refere-se a um dom interior que brotará no íntimo do fiel – "nele" –, oferecido a todos, porque apagará a sede de "todo aquele" que beber da água prometida por Jesus. Com essas palavras, aponta para o Espírito Santo, comparado a "rios de água viva" que fazem reflorescer os corações áridos e incrédulos dos seres humanos (7,38). É o Espírito que permitirá à mulher entender a revelação que Jesus quer proporcionar-lhe e que, por enquanto, ela não está em condição de receber[13].

Os dois momentos da revelação não conseguem mudar a atitude da mulher. Respondendo: "Dá-me dessa água para que eu não tenha mais sede, nem tenha de vir mais aqui para tirá-la", procura apenas evitar o cansaço do seu trabalho diário (4,15), continuando a rejeitar a oferta de Jesus. Algo, no entanto, mudou. No começo do diálogo, é Jesus quem pede de beber; no final é a mulher. Uma pequena transformação aconteceu; é o começo do caminho de fé.

A pergunta de Jesus a respeito do marido procura colocar a Samaritana no terreno sólido da verdade, ajudando-a a reconhecer sua situação afetiva. Trata-se de uma interrogação que não quer ofender a sensibilidade feminina, mas que procura reabilitar a mulher. Reconhecendo sua triste história, a reação da Samaritana é positiva, pois declara: "Vejo que és um profeta" (4,19).

Forte e cheia de coragem[14], toma a palavra e pergunta a Jesus qual é o lugar legítimo da adoração de Deus, se o monte Garizim ou o Templo de Je-

---

13. Não há qualquer contraste entre o dom da revelação de si mesmo que Jesus quer fazer à Samaritana e o dom do Espírito.

14. Para os exegetas, a Samaritana é, de um ponto de vista humano, o personagem mais bem apresentado em todo o quarto evangelho.

rusalém, metendo o dedo na polêmica acirrada entre os dois grupos israelitas. Em sua resposta, Jesus recusa a necessidade de um lugar particular para o culto, destacando a importância de adorar a Deus "em espírito e verdade". No contexto da narrativa joanina, a frase significa que o verdadeiro culto deve ser feito no Espírito Santo e na verdade revelada por Jesus, que se identifica com a sua pessoa, pois ele é "a verdade" (14,6).

As palavras geram maravilha na mulher que apela para o Messias samaritano, o qual, na sua iminente chegada, explicará tudo a respeito do assunto que a mulher levantou. Jesus declara que o verdadeiro Messias não é o *Taeb* esperado, mas ele mesmo. A Samaritana, conquistada pela conversa, dá-se conta de ter encontrado um homem que lhe disse tudo o que fez (4,29). Por isso, deixado o cântaro junto do poço, vai à vila, anunciando a todos a experiência inesperada que a transformou (4,39). Começando pela recusa e passando por etapas sucessivas, gradativamente a verdade da pessoa de Jesus se lhe impôs. Muitos acreditam por causa da sua palavra. O contato direto com Jesus por parte dos samaritanos é, todavia, mais eloquente do que as palavras da mulher, gerando a conversão do povo da região.

3.3. Crer, purificando gradativamente o coração

O funcionário régio, que tem o filho prestes a morrer, vai de Cafarnaum, na beira do lago da Galileia, até Caná, nas colinas, onde se encontra Jesus, para pedir-lhe a graça da cura, pois a fama dos sinais operados por ele em Jerusalém tinha chegado até lá (4,46-54)[15]. A viagem que enfrenta realça sua confiança em Jesus. Considera-o provavelmente um curandeiro que opera prodígios e sinais, mais ou menos como pensa Nicodemos (3,1). Jesus toma a iniciativa do diálogo e a sua palavra: "Se não virdes sinais e prodígios, não acreditareis" (4,48), manifesta o que se passa no coração angustiado do homem. Não se trata de censura ou reprovação, mas da constatação de que o ser humano precisa de elementos visíveis e concretos para chegar à fé.

A palavra dá esperança ao homem que se encontra com Jesus exatamente no lugar onde houve a primeira revelação da sua glória, na festa de casamento (2,11). Por isso, pede com confiança que desça e cure o seu filho. Jesus, todavia, manifesta sua autonomia, atuando de outra forma. Declara: "Vai, teu fi-

---

15. O episódio é o segundo sinal que acontece em Caná da Galileia. Tem certa relação com o primeiro: há uma situação de aperto, a presença dos servos, a palavra transformadora de Jesus, a solução do problema.

lho vive". O homem acredita, mas a sua fé é ainda embrionária, porque provavelmente crê no poder de um taumaturgo. Por isso, na sua presciência, Jesus desconfia dos muitos que, de modo superficial, dizem crer em seu nome, pois ele conhece o que há no coração do homem (2,24).

Para o funcionário régio, começa, no entanto, um movimento que vai desabrochar na verdadeira fé. A cura acontece à distância e o homem acredita de forma plena, quando os servos, que vão ao seu encontro, lhe comunicam que seu filho começou a melhorar na hora em que Jesus lhe disse "teu filho vive". Há uma verificação inesperada. O funcionário passa de uma fé baseada em misteriosos poderes ocultos para uma fé na palavra de Jesus que restitui a saúde, gerando vida[16].

Por isso, o evangelista salienta, com um verbo em absoluto (sem objeto), que o homem "acreditou", ele e toda sua família, por reconhecer a força salvadora que procede da pessoa de Jesus (4,48.53)[17]. No texto, não se menciona a alegria do pai pela recuperação da saúde do filho, mas somente sua fé. O pai do menino curado começa a entrever algo do mistério da pessoa de Jesus, reconhecendo nele o senhor da vida; não simplesmente aquele que restitui a vida física, mas aquele que, com sua palavra, faz passar da morte para a vida, quem comunica a vida em absoluto, em todas as suas dimensões, renovando totalmente o ser humano.

A fé do funcionário régio lembra, de certa forma, a fé de Abraão que, diante de sua esterilidade e a de sua esposa, acredita em Deus que pode dar-lhe o filho que prometeu, pois é o Altíssimo que faz viver os mortos e chama à existência as coisas que não existem (Rm 4,17). Igualmente o funcionário régio, mesmo constatando a realidade da morte, acredita na palavra de Jesus que tem o poder de fazer triunfar a vida[18]. Também a referência ao episódio de Lázaro é bastante clara.

3.4. Crer, resistindo aos opositores

Jesus encontra o cego de nascença perto do Templo de onde saiu, após a diatribe com os judeus (Jo 7,1–8,59). Trata-se provavelmente de um mendigo que pede esmola. Jesus recusa a opinião dos discípulos que, de acordo com a men-

---

16. Léon-Dufour, X., *Leitura*, v. II, 307-315, aqui, 312.
17. Também em Atos dos Apóstolos 10,2; 11,14; 16,15.32-34, há personagens que entram na fileira da Igreja com toda a sua família.
18. O relato joanino é redigido à luz do parâmetro vida/morte. A morte é lembrada nos vv. 47.49 e a vida nos vv. 50.51.53.

talidade do tempo, pensam que a doença depende de um pecado, e, tomando a iniciativa, cura o cego, cuspindo na terra, fazendo lama com a saliva, aplicando-a sobre os olhos do doente e mandando lavar-se na piscina de Siloé. "O cego foi, lavou-se e voltou vendo" (9,7). Lama e saliva são meios terapêuticos antigos; mas é a água da piscina, qualificada no texto como a água do "enviado" que, em definitivo, lhe restitui a saúde. O texto remete ao Antigo Testamento (Is 8,6). O termo "enviado" refere-se à água da fonte do Gion, enviada à piscina por um conduto, ou ao canal escavado na rocha na época do rei Ezequias; no relato joanino, porém, a palavra faz alusão a Jesus que é "o enviado" por excelência do Pai (Jo 9,4). O cego, então, é curado pela água que tem o nome de Jesus.

Na narrativa não se descreve somente a recuperação da visão por parte do doente, mas se denuncia a cegueira humana, cujos representantes aparecem gradativamente na cena. Diante do enfermo curado, os vizinhos e os conhecidos ficam perplexos. Uns dizem: "É ele", outros não o reconhecem, afirmando que é alguém parecido com o mendigo (vv. 8-9)[19]. Os fariseus, que desempenham a tarefa de garantir a observância da Lei, estão seguros de que o homem que operou a cura não vem de Deus, porque não guarda o sábado (vv. 13-16). De fato, fazer lama com a saliva, na interpretação integralista da Lei de Moisés, era considerado um trabalho. Também os pais do cego reconhecem nele o filho, mas não querem se pronunciar a respeito da cura: "Tem idade; ele mesmo se explicará" (vv. 18-23). Prevalece o interesse pessoal e o medo de perder privilégios, pois "se alguém reconhecesse Jesus como o Cristo, seria expulso da sinagoga".

Na cena, aparecem também os judeus, categoria globalizante para indicar o mundo judaico, os quais, com autoridade e presunção, desacreditam Jesus, dizendo: "Sabemos que este homem é pecador", mostrando sua incapacidade de aceitar uma verdade que não se encaixa com o seu sistema mental e teológico (vv. 24-34). Aliás, convidam o doente que recuperou a visão a dar glória a Deus, reconhecendo que Jesus é um transgressor da Lei. O cego, e com ele a comunidade cristã, opõe-se a esse raciocínio, declarando que Deus não ouve os pecadores. Afirmando: "Sabemos que Deus falou a Moisés, mas este, não sabemos de onde é" (v. 29), os judeus declaram, sem querer, a origem misteriosa de Jesus, trazendo à tona o tema da identidade de Jesus que perpassa todo o quarto evangelho.

---

19. Trata-se da situação de indecisão e de dúvida que se verifica entre os judeus na época da redação do quarto evangelho (Jo 7,12-13.25-27.40-43).

O único que, com coragem, rejeita as opiniões dos que o interpelam é o cego que, progressivamente, reconhece quem é de verdade Jesus. No começo, qualifica-o como "o homem chamado Jesus" (v. 11), depois reconhece que é um "profeta" (v. 17), em seguida, "um temente a Deus que faz sua vontade" (v. 31), declarando, no final, que Jesus "vem de Deus" (v. 33). Expulso da presença dos seus adversários e interpelado por Jesus, com um gesto de adoração, manifesta a sua fé no "Filho do homem", que o libertou da cegueira (v. 35)[20].

O cego não é curado apenas fisicamente, mas interiormente. Com efeito, perguntando quem é o Filho do homem que ele desconhece, Jesus lhe responde: "Tu o estás vendo, é quem fala contigo". Na frase, o verbo "ver" (*horán*) indica uma visão que compreende em profundidade e, como tal, é diferente da simples visão física (*anablépein*), que caracteriza a recuperação da visão do cego curado. O enfermo, então, chega a entender quem é Jesus e acredita nele. Os judeus, zombando dele e dizendo com menosprezo: "Tu sim és seu discípulo; nós somos discípulos de Moisés" (v. 28), fazem uma afirmação importante: o cego que recuperou a visão é a verdadeira testemunha de Jesus, um genuíno discípulo que sabe enfrentar o mundo hostil com determinação.

A palavra conclusiva de Jesus representa uma admoestação e, ao mesmo tempo, uma oferenda de salvação. Declara ter vindo ao mundo para operar um discernimento: "Para que os que não veem vejam e os que veem tornem-se cegos", isto é, para que os cegos físicos possam enxergar e para que os que têm a altivez de entender o sentido pleno da vida, sem dar qualquer valor a sua pessoa, se tornem cegos.

Afirma-se, desse modo, que o ser humano chega a enxergar verdadeiramente ao descobrir que Jesus é a luz genuína que vem de Deus, mostrando o caminho certo para realizar em plenitude a existência. Verifica-se, então, que o pecado não é do cego, como pensam os judeus: "Tu nasceste todo no pecado e nos ensinas" (v. 34), mas de todos os que recusam a luz, a começar pelos representantes de Israel. Apesar da sua virulência, as palavras de Jesus devem ser interpretadas como uma reprovação que convida à conversão.

3.5. Crer, aceitando o desafio da cruz

No sermão na sinagoga de Cafarnaum, Jesus censura os presentes por não terem compreendido o sinal da multiplicação dos pães de cevada e dos pei-

---

20. A frase "crer no Filho do homem" aparece somente nesse texto. Cf. Léon-Dufour pensa que se trata de uma "fórmula cristológica englobante" (*Leitura*, v. II, 239).

xinhos, mas apenas ficado satisfeitos pelo pão que comeram (6,26), considerando a sua pessoa como um simples curandeiro que supre as exigências básicas da vida. Por isso, exorta a trabalhar não pelo alimento que se perde, mas pelo alimento que perdura até a vida eterna. Esse alimento é ele mesmo, enquanto enviado do Pai (v. 29).

Refletindo sobre o dom do maná que Moisés fez aos pais no deserto (v. 31), Jesus afirma ser ele o verdadeiro pão descido do céu, insistindo, em todo o sermão, na necessidade de acreditar nele, porque somente ele é "o pão da vida", a Sabedoria de Deus feita carne, que sacia plenamente todo ser (Sr 24,19-21). A recusa dos ouvintes que o consideram somente o "filho de José" (Jo 6,42) manifesta o desafio que representa acreditar em Jesus.

Para que os seus seguidores entendam mais exatamente sua identidade, Jesus acrescenta: "O pão que eu darei é a minha carne (*sárx*) para a vida do mundo" (v. 51). A frase aponta para sua morte na cruz, deixando entender que o Verbo se fez carne (*sárx*) para a oferta total de si mesmo, a fim de que o mundo seja salvo. Jesus declara, então, não apenas ser o enviado do Pai, mas aquele que resgata todo ser com o seu sacrifício redentor.

Para que o anúncio produza seus frutos, é necessário "comer a carne do Filho do homem e beber o seu sangue" (vv. 48-58). Os verbos de manducação, frequentes na seção, representam um apelo para acreditar em Jesus[21]. Mais exatamente, destacam a necessidade de interiorizar a sua mensagem, de saborear suas palavras, de guardá-las no íntimo do coração, de fazer uma experiência pessoal dele, porque somente desse modo o fiel pode permanecer em Jesus e Jesus nele (vv. 56-57). Comer e beber correspondem, então, a "crer" em Jesus (v. 36), a "vir" a ele (v. 37), a "ver" nele o Filho para alcançar a vida que nunca acaba (v. 40), como se realça na primeira parte do sermão. A referência à Eucaristia existe, mas é secundária, porque a narrativa é cristológica e não sacramentária[22]. Dessa forma, Jesus exorta os seus ouvintes a aceitarem sua morte sacrifical como fonte de vida para o mundo[23], convidando-os a passarem da fé nele como pão da vida que vem do céu, superior ao maná, para a fé nele como pão oferecido na cruz para a salvação da humanidade[24].

---

21. A leitura proposta garante uma compreensão mais homogênea do discurso. Cf. LÉON-DUFOUR, X., *Leitura*, v. II, 119-128. A interpretação somente eucarística não se impõe.
22. Na ordem natural, o alimento anabolizado torna-se parte da pessoa, enquanto, na economia da fé cristã, é a pessoa que se torna membro vivo de Jesus ressuscitado, do Cristo total.
23. O evangelista usa tanto o verbo "comer" como "mastigar" para indicar o processo de assimilação.
24. O episódio é redigido à luz da perspectiva pascal.

Diante da incompreensão dos judeus que protestam: "Como este homem pode dar-nos a sua carne para comer?" (v. 52) e da recusa de muitos discípulos que consideram "duras" as palavras de Jesus (v. 60), não aceitando que sua entrega total possa renovar a existência humana[25], ele retruca, desafiando os seus interlocutores: "E quando virdes o Filho do homem subir aonde estava antes?" (v. 62).

Deste modo, apresenta-se, no texto, todo o mistério redentor de Jesus: sua encarnação, sua morte e sua glorificação, porque ele é o pão descido do céu, dado para a vida do mundo e exaltado pelo Pai aonde estava antes. O leitor é chamado a tomar posição diante dessa palavra difícil de ser entendida. O evangelista acrescenta que, para acreditar nesse anúncio misterioso e imprevisto, é necessário receber a luz e a força do Espírito Santo, porque "o Espírito é que vivifica, a carne para nada serve". De fato, a natureza humana, em sua fraqueza, não pode compreender o plano divino de salvação que, pelo homem deste mundo, é considerado um escândalo que suscita rejeição (v. 63).

Diante do abandono de muitos discípulos, Jesus interpela os Doze e os convida a mostrar o que se passa no seu coração. São chamados a refletir sobre as suas palavras desafiadoras que o apresentam como o vivificador da humanidade, passando pelo rebaixamento da cruz[26]. Jesus os deixa plenamente livres, dizendo-lhes: "Não quereis também partir?". Exige deles uma escolha e uma resposta autêntica e inequívoca. Pedro, falando em nome dos Onze, reconhece que, apesar da dificuldade de entender seu anúncio, somente Jesus tem palavras de vida eterna. Por isso, juntamente com seus companheiros, Pedro proclama: "Nós cremos e reconhecemos que és o Santo de Deus" (v. 69).

3.6. Crer na vitória da vida sobre a morte

Acreditar na ressurreição de Jesus representa o elemento básico do processo de fé, a qual, sem essa firme convicção, seria "vazia" (1Cor 15,14). Alguns episódios da narrativa merecem atenção.

---

25. O evangelista faz referência à dita crise da Galileia, da qual falam também os sinóticos. Os seguidores de Jesus não pensam em antropofagia, como insinuam os adversários. Estes, cientes de que somente Deus é o Salvador, recusam que a redenção do mundo possa depender da morte de Jesus.

26. A relação entre o sinal da multiplicação dos pães e o sermão, que se segue, é bastante fraca, a não ser pelo termo "pão".

3.6.1. Marta

O retorno à existência de Lázaro, narrado com abundância de pormenores no quarto evangelho, embora, após quatro dias, o cheiro da putrefação vetasse qualquer esperança de vida, é um evento que anuncia o domínio de Jesus sobre a morte (Jo 11,39)[27]. Marta acredita que Lázaro ressuscitará no final dos tempos, de acordo com a esperança judaica e com a palavra confortadora de Jesus: "Teu irmão ressuscitará", em si ambígua, pois não diz quando o evento vai acontecer[28]. Lázaro, porém, volta à vida pela autoridade de Jesus, o qual afirma ser aquele que tem o poder de vivificar cada ser (*zōopoieîn*, 5,21; cf. 11,25). Com efeito, sendo o Verbo que colocou sua tenda no meio dos homens, destrói a fatalidade da morte, declarando que o triunfo da vida não é mais uma quimera, mas uma realidade.

Na cena, Marta não fixa sua atenção no poder escatológico de Jesus sobre a morte, mas na identidade dele, reconhecendo-o como "o Cristo, o Filho de Deus que deve vir ao mundo". Dizendo: "Eu creio", com uma frase que indica firme convicção, manifesta que sua fé é madura e perseverante, capaz de vencer os obstáculos[29]. Supera, então, a perspectiva judaica e abraça a fé cristã, reconhecendo em Jesus o enviado escatológico de Deus que pode dar nova vida ao mundo[30].

3.6.2. As testemunhas do evento pascal

Os discípulos têm a certeza inquebrantável de que Jesus, morto na cruz como um malfeitor, está vivo e se lhes manifestou. É o dado básico da fé cristã. Com efeito, a redação dos evangelhos começou com a narrativa da morte e ressurreição de Jesus, à qual foi acrescentado o relato da sua vida pública.

O quarto evangelista, utilizando o material da tradição, apresenta quatro caminhos diferentes para chegar a acreditar que Jesus venceu a morte. Começa

---

27. Não se pode negar a verdade do acontecimento, pois, na tradição, várias vezes Jesus ressuscita um morto (Mc 5,35-43; Lc 7,11-17), embora o evangelista faça uma reelaboração teológica do evento, redigindo-o à luz das suas perspectivas teológicas, compondo um "diálogo didático", como destaca C. H. Dodd, *Interpretação*, 480.
28. Marta é a representante da fé popular judaica.
29. No grego, o verbo está no tempo perfeito (*pepísteuka*) e indica constância e assiduidade.
30. No relato, Jesus coloca-se ao mesmo nível de Deus, porque não pede o retorno à vida de Lázaro, mas agradece porque sabe que o Pai sempre o atende (Jo 11,41). Na narrativa, a reanimação de Lázaro está relacionada com o anúncio da morte de Jesus, decretada pelo Sinédrio logo em seguida. Segundo C. H. Dodd, *Interpretação*, 485, o detalhe pode sugerir que Lazaro é ressuscitado em virtude da vitória de Jesus sobre a morte, porque todo triunfo da vida acontece sempre em virtude da sua ressurreição.

com a narrativa do túmulo vazio. Manifestando seu interesse apologético, relaciona o evento com os homens – Pedro e o discípulo amado –, e não com as mulheres, cujo testemunho, na antiguidade, não tinha valor jurídico. Vendo por terra os panos de linho que serviram para o sepultamento de Jesus e o sudário que envolvia a cabeça do condenado, segurando-lhe o queixo, não no chão como os panos de linho, mas enrolado no mesmo lugar (*eis héna tópon*), o discípulo amado "e viu e creu" (20,8). A ausência do corpo de Jesus lhe permite entrever outro tipo de presença. Trata-se de um ver que começa a entender e que, progressivamente, se torna um "crer".

Para João, a presença das mortalhas no sepulcro é um elemento suficiente para acreditar na ressurreição de Jesus, conquanto o túmulo vazio seja um evento secundário que não diz nada a respeito do que aconteceu com Jesus, pois seu cadáver poderia ter sido roubado. A afirmação fundamenta-se no fato de que um ladrão teria roubado tudo o que estava no sepulcro, e não somente o corpo, desafiando as leis romanas, muito severas a respeito da profanação das sepulturas.

São as aparições que constituem o elemento fundamental para o nascimento da fé na ressurreição. Não se trata de fantasias ou de projeções de desejos interiores, porque é sempre Jesus que toma a decisão de se apresentar aos discípulos, manifestando sua total liberdade, superando o obstáculo das portas trancadas por medo dos judeus, e aparecendo "no meio" dos seus seguidores[31].

Na aparição a Madalena, Jesus interpela a mulher, dizendo-lhe: "Maria" (v. 16). Ela reconhece o "seu" Mestre, chamando-o: "Rabuni", expressando, dessa forma, sua fé e seu afeto pela pessoa amada. No começo da cena, permanece "de fora" do sepulcro (v. 11), sem uma compreensão adequada do que aconteceu com Jesus crucificado, manifestando sua amizade humana para com ele. Em seguida, entrando no seu íntimo, entende que o Senhor, passando pela morte, está vivo e junto do Pai. Por isso, elevado ao céu, não pode ser tocado fisicamente, mas somente pela fé.

Dizendo aos discípulos: "Vi o Senhor" (v. 18), reconhece a experiência que transformou sua vida. Trata-se de um ver em profundidade que dá firmeza e solidez à mulher, diferente do ver do discípulo amado, que o leva a crer de modo ainda embrionário[32]. Verifica-se, assim, que Maria, passando por um processo

---

31. O evangelista limita-se a dizer que Jesus "veio" e se pôs "no meio", evitando qualquer descrição (20,20.26).

32. Em 20,18, o verbo "ver" está no tempo perfeito (*heôraka*), indicando uma ação que continua no tempo, enquanto em 20,8 o mesmo verbo está no aoristo (*eiden*), realçando uma ação que começou no passado.

de purificação, confessa que Jesus pertence à esfera transcendente e é verdadeiramente o Senhor.

O mesmo verbo "ver" é usado na aparição aos discípulos[33], os quais, no começo, se alegraram por verem (*idóntes*) o Senhor" (v. 20), fazendo uma experiência de fé incipiente; sua fé torna-se completa e madura, quando comunicam a Tomé: "Vimos o Senhor" (*heōrákamen*, v. 25)[34]. Entendem que a ressurreição está estreitamente ligada à paixão, formando um único evento salvífico. De fato, o Ressuscitado, mostrando-lhes as mãos e o lado traspassados, declara que a vitória sobre a morte é fruto dos seus sofrimentos que não podem ser esquecidos.

Tomé, para acreditar, exige algo a mais que os seus companheiros, dizendo: "Se eu não vir em suas mãos o lugar dos cravos e se não puser o meu dedo no lugar dos cravos e minha mão no seu lado, não acreditarei"[35]. Trata-se de condições ditadas pela desconfiança, em evidente contraste com a atitude de acolhida dos outros discípulos. Diante de Jesus que o convida a realizar o seu propósito, Tomé chega à fé no Ressuscitado sem tocar e confessa a identidade divina de Jesus, dizendo: "Meu Senhor e meu Deus" (v. 28)[36]. A pretensão inicial transforma-se em um ato de adoração.

Livra-se, assim, da sua momentânea descrença, aceitando o testemunho dos amigos, animado por Jesus que lhe diz "Não te mostres incrédulo, mas crente", lembrando-lhe que ele sempre foi um discípulo fiel. Por isso Jesus o declara "feliz" porque sua fé, passando pela dúvida, tornou-se bem fundamentada e estável (*pepísteukas*, v. 29), destinada a contagiar as gerações pós-apostólicas, as quais não terão mais um contato direto com o Ressuscitado, mas uma relação espiritual com ele, sustentada pelas declarações das testemunhas oculares.

É difícil dizer em que consistiu a experiência do Ressuscitado, feita pelos seus diretos seguidores. De fato, apesar do realismo das descrições, os relatos não são fotos ou gravações que representam ao pé da letra o que aconteceu. Trata-se de relatos teológicos que procuram comunicar uma experiência, de interpretações de fé de um evento real que cada evangelista descreve com parâmetros diferentes, de acordo com a sua sensibilidade e as problemáticas da

---

33. João fala de "discípulos", sem mencionar explicitamente os Doze (1Cor 15,5), abrangendo, ao lado dos seguidores históricos de Jesus, os fiéis de todos os tempos, aos quais Jesus manifesta a sua vitória sobre a morte, entregando-lhes a tarefa de serem missionários no mundo.
34. Na língua grega, o primeiro verbo é um particípio aoristo, o segundo é um perfeito.
35. No tempo da redação do evangelho, imaginava-se uma continuidade física entre o corpo da pessoa e sua realidade glorificada, sem negar a necessidade de uma transformação operada por Deus.
36. RATZINGER, J., *Dogma e anúncio*, 299.

sua Igreja. Nos textos, prevalece a dimensão auditiva, que destaca qual deve ser o modo de proceder dos discípulos à luz desse acontecimento único na história, não a dimensão visual, que procura satisfazer o contentamento humano, sedento de maravilhas.

Com efeito, a pluralidade de verbos usados pelos autores sagrados realça a dificuldade de definir com precisão o que aconteceu no evento da ressurreição que escapa às possibilidades de verificação humana, sendo meta-histórico, no limite entre este mundo e a realidade divina[37]. Os discípulos tiveram a consciência de que Jesus de Nazaré, que conheceram durante o seu ministério terreno, estava vivo diante deles, glorificado por Deus, e os impulsionava a anunciar ao mundo a boa nova da ressurreição, inesperada e revolucionária. Uma experiência indubitável, embora cercada de mistério. Entenderam também que Deus, fiel às suas promessas, com a ressurreição do Filho começava a realizar o projeto da transformação do universo. Com efeito, a ressurreição não tem a ver somente com Jesus, mas alcança todos os seres, cientes de que a morte foi definitivamente vencida[38].

4. Os frutos do crer

A fé é uma bem-aventurança que enriquece e liberta, cujos frutos são numerosos, como realça o quarto evangelista.

4.1. Viver na luz

No relato joanino, crer está associado ao tema da luz, porque Jesus é a "luz do mundo", como ele declara: "Eu, a luz, vim ao mundo para que aquele que crê em mim não permaneça nas trevas" (Jo 12,46).

O primeiro fruto do crer corresponde, então, a se deixar iluminar pela luz da revelação, refazendo a experiência do cego de nascença que, da escuridão completa, começa a enxergar o que o cerca. Abrem-se os olhos e recebe-se a possibilidade de considerar a realidade de outro modo, como aconteceu com os discípulos de Emaús, cujos olhos estavam impedidos de reconhecer Jesus

---

37. O verbo *egeírein* significa "acordar do sono"; *anistánai* "levantar-se de uma posição deitada", "ficar em pé". Encontram-se também os verbos "viver" (*zên*), "ser exaltado" (*hypsôthênai*), "ser glorificado" (*doxázesthai*).

38. FISICHELLA, R., *La Rivelazione: Evento e credibilità. Saggio di teologia fondamentale*, Bologna, Dehoniane, ³1988, 55-56. 304-328, em 321, afirma: "Acreditar na vitória da vida exige mais contemplação do que explicação".

que caminhava com eles (Lc 24,16). Sai-se da triste solidão à qual o homem deste mundo se autocondena, ficando preso numa visão míope e autossuficiente da existência, descobrindo gradativamente que o Senhor ressuscitado sustenta cada ser humano na procura do que representa o seu verdadeiro bem. Percebe-se a importância de amar a Deus e aos irmãos com generosidade e desprendimento, abrindo o coração para a esperança da vida que não passa.

Para que isso aconteça, é necessário "ouvir" as palavras de Jesus e "guardá-las", acolhendo-as interiormente. De fato, como ele destaca no final do seu ministério: "Se alguém ouvir minhas palavras e não as guardar, eu não o julgo, porque não vim para julgar o mundo, mas para salvar o mundo" (Jo 12,47). Verifica-se, então, que a rejeição deliberada da revelação de Jesus, feita com certo menosprezo (*athetein*, v. 48)[39], leva ao julgamento, pronunciado não por Jesus, mas pela própria palavra, apresentada de forma personificada, que ele oferece a todos. Afirma-se, assim, que o ser humano se autocondena à medida que recusa o que representa a sua salvação.

O próprio Jesus, conhecendo a fragilidade e a incoerência humana, alerta: "Caminhai enquanto tendes luz para que a escuridão não vos alcance: quem caminha no escuro não sabe para onde vai. Enquanto tendes luz, crede na luz, para vos tornardes filhos da luz" (12,35-36). O convite consiste em avançar gradativamente na direção da fonte da luz por meio de uma opção contínua entre luz e trevas, de um discernimento perseverante entre vida e morte que constantemente se apresentam aos seres humanos (Dt 30,15-20), até chegar a viver na situação estável de "filhos da luz"[40]. Desta forma, o fiel é chamado a apreciar sempre mais a beleza da luz que Jesus lhe oferece e a interiorizá-la, vivendo com o firme propósito de não voltar atrás, ciente de que o mal sempre se lhe apresenta com feições desejáveis, mas traiçoeiras.

Viver na luz significa, assim, deixar que a fé em Jesus tome posse da existência, dando equilíbrio, sabendo que esta luz atua respeitando cada ser, sua capacidade de entender, seus projetos, suas orientações básicas, os valores humanos que ele pretende conquistar.

4.2. Não ter mais fome, nem sede

No discurso da sinagoga de Cafarnaum, revelando-se como o maná escatológico, Jesus declara: "Quem vem a mim, nunca mais terá fome e o que crê

---

39. O verbo aparece somente nesse versículo do quarto evangelho.
40. Mateus 8,12; Marcos 3,17; Lucas 16,8; 1 Timóteo 5,5; Efésios 5,8.

em mim, nunca mais terá sede" (6,35). Na frase, "vir a mim" corresponde a "crer", realçando que a acolhida de Jesus preenche as exigências vitais do ser humano, permitindo-lhe fazer uma experiência de saciedade, a saber, nunca mais ter fome nem sede. No Antigo Testamento, a frase remete para a sabedoria que convida todos ao seu banquete, dizendo: "Vinde a mim todos os que me desejais, fartai-vos de meus frutos. Porque a minha lembrança é mais doce do que o mel, minha herança mais doce do que o favo de mel. Os que me comem terão ainda fome, os que me bebem terão ainda sede. O que me obedece não se envergonhará, os que fazem as minhas obras não pecarão" (Sr 24,19-22; cf. Pr 9,5).

As expressões veterotestamentárias "ter ainda fome" e "ter ainda sede" correspondem à do evangelho de João: "não ter mais fome, nem sede", porque ambas afirmam que quem "armou sua tenda" em Jacó (Sr 24,8) leva à plenitude os desejos mais verdadeiros do ser humano. De fato, Jesus é a sabedoria de Deus que se fez carne.

Com estas afirmações, faz-se referência à experiência da comunidade joanina que, depois do encontro com Jesus e da compreensão da sua identidade, reconhece que a sua vida mudou completamente, sendo desprovida – antes de acreditar – do único necessário. Como a água que jorrou da pedra e apagou a sede do povo de Israel, liberto da escravidão do Egito, e como o maná que o sustentou no caminho para a terra prometida (Is 48,21; 49,9), assim a fé em Jesus ressuscitado dá à Igreja as energias necessárias para permanecer jubilosa e firme na caminhada.

A expressão "ter fome" (*peinán*) aparece somente no sermão de Cafarnaum, enquanto o verbo "ter sede" (*dipsán*) é referido também à atitude do cristão à espera do dom do Espírito, derramado por Jesus na Páscoa: "Se alguém tem sede, venha a mim e beba quem crê em mim. [...] Ele falava do Espírito que deviam receber os que nele cressem" (Jo 7,37-39)[41]. É pela mediação do Espírito que o cristão sedento pode apagar a sua sede, aproximando-se de Jesus, pois o Espírito conduz à verdade plena (14,26; 16,13).

A experiência de fartura torna-se uma das imagens da bem-aventurança escatológica. A profecia de Isaías: "Não mais terão fome e sede, não os molestará calor nem sol, pois os guiará quem deles se compadece, conduzindo-os às fontes de água viva" (Is 49,10), realiza-se no Apocalipse, em que o Cordeiro proporciona aos eleitos a felicidade sem fim, após ter alvejado suas vestes no seu sangue (Ap 7,14).

---

41. Cf. João 4,13-15.

4.3. Ter a vida eterna

Várias vezes, no quarto evangelho, faz-se menção à "vida eterna", como consequência do crer em Jesus. No diálogo com Nicodemos, destaca-se que "o Filho do homem deve ser elevado a fim de que todo aquele que crer tenha nele a vida eterna", evitando a condenação (Jo 3,14-16). Também no sermão de Cafarnaum, Jesus assegura que quem crê nele tem "a vida eterna" (6,40.47.54).

A frase exige uma explicação, porque, na nossa cultura, a expressão remete para a existência além da morte, de acordo com a perspectiva dos sinóticos[42] e com a teologia judaica, nas quais a frase se refere à existência vindoura, em oposição ao tempo presente. No quarto evangelho e em outros trechos do Novo Testamento, indica, porém, uma nova qualidade de vida, uma realidade inédita e inesperada que se apodera do ser humano desde já, rejuvenescendo-o totalmente e abrindo-o para uma esperança de existência plena, livre das insuficiências terrenas. Jesus insiste repetidamente nessa verdade, não falando apenas de vida eterna, mas simplesmente de "vida", de "viver" (Jo 6,33.51.53.58)[43]. Com efeito, Deus, do qual procede toda existência, não é o Deus dos mortos, mas dos vivos (Mc 12,27), quem proporciona a vida autêntica, animada pelo Espírito Santo.

Ninguém é excluído desse projeto renovador, porque a vontade do Pai é que "quem vê o Filho e nele crê tenha a vida eterna", junto com a esperança da ressurreição no último dia" (Jo 6,40). E o querer do Pai corresponde plenamente ao desejo do Filho que desceu do céu para fazer a vontade de quem o enviou (5,30; 6,38; 17,2).

No final da sua caminhada terrena, Jesus declara: "A vida eterna é esta: que eles te conheçam a ti, o Deus único e verdadeiro e aquele que tu enviaste, Jesus Cristo" (17,3). Conhecimento não indica mero entendimento racional, mas experiência globalizante, feita pela pessoa chamada a responder, com todos os seus sentidos, aos apelos de Jesus, reconhecendo que ele é por excelência o revelador do Pai que faz passar da morte para a vida (5,24). "Vida" corresponde, então, ao encontro com o Verbo que atua na história, à renovação profunda do coração humano, operada por aquele que é o pão da vida (6,34.48), o pão vivo (v. 51), o alimento quer perdura até a vida eterna (v. 27), a luz da vida (8,12), o doador da água viva (4,14), aquele que conduz à vida (*archegòs tês zoês*, At 3,15; cf. Jo 14,6).

---

42. Cf. Mateus 19,16.29; 25,46; Marcos 10,17; Lucas 10,25.
43. Cf. João 5,25.29.40; 6,33.50.51; 10,10; 20,31. No final da sua composição, o autor declara que o objetivo do seu evangelho é fazer com que os fiéis alcancem a vida em nome de Jesus (20,31).

5. A incredulidade

Viver com coerência a fé cristã não é coisa simples. As trevas existem e têm o poder de cegar os olhos dos seres humanos, abandonando-os numa situação de alienação, sem pontos de referência, sem capacidade de ir contra as ondas revoltas da cultura laicista, característica do nosso século.

Jesus denuncia que "a luz veio ao mundo, mas os homens preferiram as trevas à luz, porque as suas obras eram más" (3,19). Afirma que, no coração do ser humano, há um amor preferencial pelas trevas, que o leva a rechaçar a luz e a não vir à luz, para que as suas obras não sejam declaradas culpáveis. No texto, "luz" não é um termo abstrato, mas se identifica com a pessoa de Jesus e "vir à luz" significa acreditar nele, recusando as obras do Maligno (v. 21).

Esta luz, que é vida e corresponde à sabedoria eterna de Deus, brilha na criação (1,4) e se manifesta na *Torah* entregue a Israel. Quem sabe enxergar as pegadas do Verbo no mundo em que habita, vivendo honestamente, e quem pauta sua existência de acordo com o grande ensinamento que Deus ofereceu a seu povo, é iluminado por esta luz, já antes da encarnação. De fato, somente "quem faz a verdade" aproxima-se da luz e "fazer a verdade" significa descobrir a presença envolvente de Deus na realidade (3,21).

Jesus é bastante pessimista a respeito da resposta humana à sua palavra, pois declara: "Aquele que vem do céu dá testemunho do que viu e ouviu, mas ninguém recebe seu testemunho" (v. 32)[44]. A afirmação de que "ninguém" se dispõe para receber seu anúncio realça a grande dificuldade das pessoas de abrir-se para a realidade de Deus, que, no seu subconsciente, considera como um ser perigoso, do qual é preciso se defender. Se, na narrativa, a observação atinge os judeus que, apesar de acreditarem em Deus, não aceitam a encarnação do Verbo, não se pode excluir que se refira também a todos os que amam a glória dos homens mais do que a glória de Deus, tendo como objetivo somente os seus interesses, sua ambição e a satisfação dos seus desejos egoístas. De fato, como realça a Escritura, o Altíssimo "se mostra aos que não o tentam e se revela aos que não lhe recusam a fé" (Sb 1,2).

Embora durante sua atividade terrena muitos acreditem em Jesus[45], no final da primeira parte do evangelho o balanço é negativo (vv. 37-43), pois o evangelista declara que, apesar de Jesus ter realizado tantos sinais, os seus contemporâneos "não creram" nele (v. 37), entrando num beco sem saída, passando de

---

44. Provavelmente, é Jesus que fala, embora as palavras sejam colocadas na boca do Batista.
45. Cf. João 2,23; 4,39.41; 7,31; 8,30; 10,42; 11,45; 12,11.42.

um "não querer" crer (5,40) para um "não poder" crer (5,44; 12,39)[46]. Realiza-se o que está escrito no prólogo: "O mundo não o conheceu" e "os seus não o receberam" (1,10.11).

Somente quem recebe o testemunho de Jesus "atesta que Deus é verdadeiro" (3,33), alcançando uma segurança interior que lhe proporciona vigor e forças novas para enfrentar a existência. Após essa descoberta, as pequenas e efêmeras luzes, que alegravam um tempo sua passagem neste mundo, lhe parecem irrelevantes.

Na narrativa, nunca se diz que a rejeição da luz implica a danação eterna, embora cada um, no final da existência, seja julgado conforme a sua conduta (12,48). Tampouco a expressão: "A cólera de Deus permanece sobre ele" (3,36), referida a quem se recusa a crer no Filho, deve ser interpretada segundo parâmetros antropológicos, como se Deus manifestasse propósitos de vingança contra os incrédulos. O termo não indica punição, mas zelo para que os pecadores possam encontrar o caminho certo, até chegar a ter um verdadeiro conhecimento de Deus que é amor inesgotável. Com efeito: "Sua cólera dura um instante, mas a sua bondade, a vida inteira" (Sl 30,6), porque "tu tens compaixão de todos porque és onipotente, e fazes a vista grossa aos pecados dos homens para que se arrependam. [...] Tratas tudo com amor porque tudo é teu, Senhor amigo da vida" (Sb 11,23.26).

O termo "cólera" aponta, então, para pragas medicinais, que se identificam com os desafios da existência, cuja finalidade é ajudar o ser humano a reconhecer a sublimidade do seu destino que sobrepuja todos os seus desejos. Nota Pedro Crisólogo: "Homem, por que estás vil a teus olhos, tu que és tão precioso para Deus? Por que, tão honrado por Deus, te desonras a ti mesmo deste modo?"[47].

---

46. Dois textos de Isaías, referidos ao servo sofredor, procuram dar uma resposta à situação de descrença dos judeus (Is 53,1; 6,9-10). Cf. Mateus 13,14; Marcos 4,12; Lucas 8,10; Atos dos Apóstolos 28,26.
47. PEDRO CRISÓLOGO, *Sermão* 148 (Patrologia Latina 52, 596).

Capítulo 3
AMAR

Na vida cristã, o crer não pode ser separado do amar, pois a fé genuína impulsiona a entregar-se pelos outros. Como sintetiza Paulo, o essencial é "a fé agindo pela caridade" (Gl 5,6). Para João, no termo "amar" tudo está incluído: a esmola, o perdão das ofensas, o respeito recíproco, a correção fraterna, a eliminação dos escândalos, a santidade do casamento, pois na sua narrativa não se encontram indicações pormenorizadas de ordem moral como nos sinóticos.

Com dois verbos gregos: *agapán* e *philein*, o evangelista fala do amor. O primeiro indica, preferencialmente, o amor livre de todo egoísmo, longânime e generoso, que toma a iniciativa de se colocar à disposição dos outros, enquanto o segundo designa mais a afeição e a amizade entre colegas, que desejam sustentar-se reciprocamente em cada momento da existência. No final do primeiro século, quando o evangelista redige a sua obra, as distinções perdem valor, e os dois termos tornam-se quase sinônimos[1].

O autor fala, em primeiro lugar, do amor criador e santificador de Deus, que ama indistintamente todas as suas criaturas, pois a criação e a história dependem basicamente do seu projeto redentor. Somente em um segundo momento aborda o tema do amor entre os seres humanos.

1. Deus é amor

"Deus é amor" é a grande afirmação que a comunidade joanina faz na primeira carta, redigida após o evangelho, quando a heresia gnóstica começa a

---

1. O amor do Pai para o Filho é indicado com o verbo *agapán* (Jo 3,35) e com o verbo *philein* (5,20); igualmente o "discípulo a quem Jesus amava" é qualificado com o primeiro (13,23; 19,26; 21,7.20) e o segundo verbo (20,2). Somente amor de Jesus pelo Pai e o amor dos discípulos por Deus e pelos irmãos são indicados uniformemente com o verbo *agapán*.

ameaçar a genuinidade da fé cristã (1Jo 4,8.16). Fruto de um longo amadurecimento interior, a frase sintética refere-se tanto ao amor que Deus manifesta pelos seres humanos nas vicissitudes da história, quanto ao amor que constitui a própria essência divina.

A declaração pode ser chocante para o homem deste mundo que, cada dia, faz a experiência do desrespeito dos direitos fundamentais das pessoas, da violência, da guerra e da morte, às vezes em proporções desmedidas. Além disso, dá-se conta de que, muitas vezes, é vítima de calamidades naturais, diante das quais experimenta toda a sua impotência. Tudo isso leva-o a duvidar não somente do amor de Deus, mas também da sua existência. A situação depende da maldade do ser humano e do fato de que o universo não é perfeito, pois só Deus é perfeito. É fruto de uma longa evolução; portanto não decorre diretamente de Deus[2]. Por conseguinte, não acreditar nele, por causa do mal que existe no mundo, é colocar-se no centro do universo, atribuindo-se o direito de dizer ao Altíssimo o que seria bom que ele fizesse, apesar de conhecer somente a difícil realidade da nossa história e não o seu resultado final[3].

Não obstante a situação dramática da vivência humana, o evangelista proclama: "Deus é amor". Realça não só que Deus existe, mas que é Amor, porque zela pela renovação da história e do mundo, agindo por meio da sua palavra. Não fala em geral de Deus, mas, mais exatamente, do Pai e do Filho, desde sempre gerado pelo Pai, pois "no princípio era o Verbo e o Verbo estava com Deus e Deus era o Verbo", como se lê no prólogo.

1.1. Amor do Pai e do Filho na história da salvação

Logo no começo da narrativa, o autor realça: "Tanto amou Deus o mundo que deu seu Filho unigênito para que todo o que nele crer não pereça, mas tenha a vida eterna" (Jo 3,16), afirmando que Deus ama a humanidade, com suas culturas, línguas, hábitos e religiões diferentes, desejando o progressivo amadurecimento de cada ser, levando, assim, à plenitude a criação.

---

2. Os profetas levantaram a voz contra os abusos perpetrados pelos seus contemporâneos, denunciando as injustiças sociais, a cobiça insaciável dos poderosos, a manipulação do direito, a opressão das categorias mais fracas, os homicídios (Is 1,21; 4,8; 10,1-2; Am 4,1-3.4-5; 6,4-7; 8,4-6; Jr 14,17-18). Em Isaías 5,20, lê-se: "Ai dos que chamam o mal de bem e o bem de mal, que mudam a luz em trevas, o amargor em doçura e a doçura em amargor". Também no Novo Testamento, condena-se a maldade humana, embora com menor violência (Mc 6,27-28; 7,23; Lc 13,1; Jo 11,51; At 24,26).

3. No deserto, o povo de Israel tenta ao Senhor, dizendo: "Está o Senhor no meio de nós, sim ou não?" (Ex 17,7).

Capítulo 3. AMAR

A organização da frase merece atenção. O advérbio "tanto" (*hoútōs*) significa "de modo extraordinário", "com tamanha medida". Colocado em posição enfática, no início do versículo, antes do verbo e do sujeito, salienta a maravilha que a comunidade joanina experimenta pela grandeza do amor de Deus pelos seres humanos pecadores, dos quais o Pai quer a salvação, não a condenação. Falando de "dom" do Filho unigênito, isto é, do amado, do dileto, de acordo com o sentido veterotestamentário do termo (Gn 22,2.12.16), o evangelista faz uma referência à cruz de Jesus, na qual se revela, de forma única e luminosa, o mistério do amor do Pai, declarando que o plano redentor passa pela morte, expressão máxima de doação total.

Jesus abraça e interioriza esse projeto de amor e o vive com entusiasmo. Com efeito, declara: "Desci do céu, não para fazer a minha vontade, mas a vontade de quem me enviou", sabendo que essa vontade se identifica com o resgate de todos (Jo 6,38). Sua missão é, pois, entregar-se totalmente para que o mundo tenha vida (v. 51). Por conseguinte, prevê com serenidade a sua glorificação que, na teologia joanina, indica quer a sua exaltação, quer o seu sacrifício pascal, ciente de que se o grão de trigo cair na terra e morrer produzirá muito fruto (12,23-24).

Com sua oferenda generosa até a morte, Jesus expressa seu amor pelo Pai, como ele mesmo declara em proximidade da paixão, percebendo a chegada do príncipe deste mundo: "O mundo saberá que amo o Pai e faço como o Pai me ordenou" (14,30-31). Também o Pai o ama, de acordo com as suas palavras: "Por isto o Pai me ama, porque ponho a minha vida para retomá-la" (10,17)[4]. Despojando-se da sua existência humana e aceitando a morte para realizar o projeto redentor, sabe que, pelo poder soberano que o iguala ao Pai, a última palavra será a da vida (vv. 15b.17-18).

Embora, a respeito do sacrifício da cruz, Jesus diga: "Este é o preceito que recebi do Pai" (v. 18), ou "Faço como o Pai me ordenou" (14,31), trata-se de uma oblação espontânea e soberana, porque o amor não se esgota num mero ato de obediência, ainda que a obediência seja expressão de amor. A "ordem" do Pai orienta, não obriga. Ela mesma é ditada pelo amor, leva em conta o amor do Filho pela humanidade que ama até o extremo das suas possibilidades (13,1). Jesus sempre amou os discípulos na sua existência terrena, e com

---

4. LÉON-DUFOUR, X., *Leitura*, v. II, 255-257, nota que, em João 10,11, a expressão "pôr a vida", com o verbo *títhēmi*, significa "expor a vida", como faz Davi pelas ovelhas do seu pai (1Sm 17,34), não "aceitar a morte", porque neste caso, o rebanho seria definitivamente perdido, vítima dos lobos, provavelmente os hereges (cf. 13,37; 15,13; 1Jo 3,16). A frase muda de sentido no v. 17, pois o contexto é diferente.

eles todos os seres; agora dispõe-se a dar uma prova definitiva e insuperável desse amor, pois "ninguém tem maior amor do que aquele que dá a vida por seus amigos" (15,13).

Seu amor supera, então, todos os limites, pois nada o justifica. De fato, o homem é ímpio e inimigo, e não tem nele nada que possa suscitar o interesse e o afeto de alguém. O amor de Jesus é divino, não humano, e enquanto tal, criador, que faz amável quem não o é, transformando os malvados em pessoas dignas de respeito e de apreço, porque redimidos pelo seu sangue. Somente quem é iluminado pelo Espírito pode entender o que Deus realiza por meio do seu Filho.

Verifica-se, então, que Jesus salva a humanidade não tanto pelos seus sofrimentos, ainda que condenado a uma das mortes mais cruéis excogitada pelo ser humano, mas pelo amor que manifesta por seus carrascos e por todos os seres que odeiam a luz e preferem as trevas. A cruz torna-se, assim, o máximo sinal de amor, a epifania suprema do amor tanto do Pai como do Filho. Não há qualquer imposição; tudo é oferenda gratuita em benefício da humanidade insensível e corrupta.

É necessário saborear esse anúncio, fazendo com que se torne experiência interior: o Pai desde sempre ama o mundo que tem em si o selo do Verbo, desejando sua redenção; deixa livre a Filho para que realize esse projeto de amor, permitindo-lhe se entregar até a aniquilação de si mesmo, como exige o amor, porque o amor não conhece medidas. Em consequência disso, o Pai glorifica o Filho, juntamente com toda a criação, salva pelo seu ato de entrega total.

Tamanha misericórdia parece impossível a Paulo que escreve: "Dificilmente alguém dá a vida por um justo; por um homem de bem haja talvez alguém que se disponha a morrer. Mas Deus demonstra seu amor para conosco pelo fato de Cristo ter morrido por nós quando éramos ainda pecadores" (Rm 5,7-8). Somente a consideração do amor que relaciona desde sempre o Pai e o Filho permite entender o modo magnânimo e paradoxal com que Deus atua na história.

1.2. Amor no interior de Deus

Ousando fixar seu olhar sobre o princípio anterior a todo princípio, João, com a sua comunidade, afirma que Deus é amor, antes do começo da história da salvação (1Jo 4,8.16). Refere-se ao amor entre o Pai e o Filho, sem refletir sobre o papel do Espírito Santo, embora reconheça que ele pertence à esfera divina (Jo 16,15). Por isso, não chega ao conceito explícito de Trindade, fruto da compreensão dos primeiros Concílios.

Deus é amor, nada mais do que amor, uma fornalha de amor que não se consome, amor subsistente, não somente no seu modo de agir na história, mas no seu próprio ser. Não se trata de um atributo, referido a Deus, mas da sua natureza; o que permite afirmar que o ser de Deus é amar. Trata-se de um precioso avanço na compreensão da realidade divina. Se o povo do Antigo Testamento, combatendo o politeísmo pagão, prestou um grande serviço à humanidade proclamando a unicidade de Deus e sua intervenção na história[5], colocou apenas os pressupostos para entender plenamente sua realidade íntima, fruto do testemunho da comunidade cristã.

Essa perspectiva torna-se possível, reconhecendo que, desde sempre, Deus vive em comunhão com o Verbo que partilha com ele a divindade e o qual se fez carne na pessoa de Jesus. De fato, a dinâmica do amor não pode se realizar na solidão, sem um parceiro com o qual expressar o amor. Não é possível amar a si mesmo, porque isso não passaria de narcisismo. O Novo Testamento, portanto, anuncia que Deus é um só, mas a sua unicidade acarreta uma pluralidade de pessoas, uma família. A unidade suprema não corresponde à realidade de uma mônada sem relações com outros[6], mas a uma comunhão no amor. A revelação cristã oferece, assim, um entendimento mais aprofundado do mistério de Deus.

O que significa amar? A experiência humana nos ilumina. Não se trata de um sentimento que gratifica superficialmente o sujeito, mas de um ato de vontade que deseja o bem do outro, valorizando-o, querendo que seja louvado e glorificado, colocando-o antes dos interesses pessoais. Amar significa viver para o outro, doando-se totalmente ao outro e, ao mesmo tempo, viver em virtude do outro, acolhendo-o como a realidade mais preciosa, esquecendo-se de si mesmo. Renuncia-se, dessa forma, definitivamente a colocar-se no centro do universo, como único sujeito de direitos, pois o centro é a pessoa amada. Também ela é chamada a viver para quem lhe manifesta seu amor, se verdadeiramente ama. O verdadeiro amor acarreta, assim, o esvaziamento

---

5. Cf. Êxodo 6,4; Deuteronômio 7,8.13; 10,15.18; Oseias 11,1-8; Jeremias 31,3. Em Êxodo 34,6-7 lê-se: "O Senhor, o Senhor, Deus compassivo e clemente, lento na cólera e rico em misericórdia (ḥesed) e verdade ('emeth), que conserva a misericórdia até a milésima geração, que perdoa a culpa, a rebeldia e o pecado, mas não deixa impune a ninguém".

6. O termo é utilizado na filosofia para indicar a unidade como princípio da multiplicidade ou as unidades constitutivas da realidade. Com a obra filosófica de Gottfried Leibniz (1646-1716), "mônada" assume um significado técnico, indicando uma substância simples que entra em compostos e não se trata do átomo físico, mas o átomo metafísico, um ser completo e indestrutível. Disponível em: <https://www.meudicionario.org/monade>. Data de acesso: 20 abr. 2023.

de si mesmo por parte dos dois parceiros que se amam, querendo somente o bem do outro. Por isso, "a caridade é paciente, a caridade é prestativa, não é invejosa, não se ostenta, não se incha de orgulho", declara Paulo, oferecendo algumas dicas para uma vida comunitária em harmonia (1Cor 13,4).

É verdade que, na existência humana, raramente se encontra o amor no estado puro, porque, por causa do pecado, o olhar de cada ser está focado em primeiro lugar em si mesmo, fazendo com que o egoísmo prevaleça. Por isso, também entre parceiros, várias vezes colocam-se em realce exigências pessoais que podem ser prejudiciais para uma convivência feliz e fiel. Esta situação realista, que mostra a precariedade do amor humano, não tira a possibilidade de compreender que o amor de Deus, na sua transparente pureza, é diferente, embora dele seja possível somente balbuciar.

O Pai, na sua intimidade, é doação total de si mesmo ao Filho e o Filho é quem se doa plenamente ao Pai, após ter recebido tudo dele. De fato, o Pai, cuja identidade não é senão paternidade, existe por causa do Filho e exclusivamente para o Filho. Da mesma forma, o Filho, como reflexo da glória luminosa do Pai, é Filho em virtude do Pai e para o Pai. O dinamismo de amor une, portanto, Pai e Filho; neles, tudo é dom e acolhida recíproca em grau máximo, embora cada pessoa mantenha sua identidade. Verifica-se, assim, que em Deus "ser" equivale a "entregar-se". "Deus não está presente a si mesmo, senão na forma em que está presente ao outro. Sua relação consigo mesmo é a relação com o outro", porque Deus é si mesmo somente na comunicação e em virtude da comunicação entre as pessoas divinas. É, pois, reciprocidade eterna e puríssima, a qual faz com que o Pai e o Filho se tornem "uno" no relacionamento mútuo[7].

É verdade que, de um ponto de vista humano, uma relação entre pai e filho poderia se esgotar numa fruição recíproca, num vínculo fechado, então egoístico, sem interesse por tudo o que acontece fora deles. Em Deus, a presença do Espírito Santo impede esta apropriação. Com efeito, comenta F. Varillon[8]:

> Se o amor recíproco do Pai e do Filho se abre para um terceiro, não há qualquer possibilidade de posse: é absoluta pobreza [...]. O Pai não é Pai senão em virtude do Filho e o Filho não é Filho senão por causa

---

7. GANNE, P., Aujourd'hui, la béatitude des pauvres, *Bible et vie chrétienne*, v. 37 (1961), 67. Cf. SCALAMERA, M. L., *Dio è povero perché è dono*. Disponível em: <https://www.sermig.org/idee-e-progetti/nuovo-progetto/articoli/dio-e-povero-perch-e-dono.html>. Data de acesso: 20 abr. 2023.

8. VARILLON, F., *L'umiltà di Dio*, Bose-Magnano (Biella): Qiqajon, 1999, 101-108, aqui, 105.108; ID., *Gioia di credere, gioia di vivere. Il mistero di Cristo, rivelazione di Dio amore, proposta di vita nuova*, Bologna, Dehoniane, 1984, 131-141. Cf. em particular SCALAMERA, M. L., *Dio è povero perché è dono*.

do Pai; o Espírito não é Espírito senão em virtude do Pai e do Filho. Cada pessoa divina não seria nada, se as outras não fizessem dela uma pessoa. A acolhida é dom e o dom é acolhida: reter algo para si mesmo é impossível.

É dessa forma que os teólogos compreendem a afirmação bíblica: "Deus é amor". Normalmente o ser humano imagina o Altíssimo como o todo-poderoso, o onipotente, aquele que pode fazer qualquer coisa, sem se dar conta de que o seu pensamento é moldado pela imagem de Júpiter, o senhor dos raios e dos trovões, um ídolo construído pela fantasia, satisfazendo o desejo de domínio do homem pagão[9]. Está longe da figura do Pai, fonte de amor misericordioso para com todas as suas criaturas, revelado por Jesus no evangelho. Deus é, pois, onipotente somente no amor. Não pode fazer tudo, mas apenas o que pertence à esfera do amor.

Doando-se totalmente ao Filho, o Pai não tem algo que possa ser considerado propriedade sua. Então, é "pobre", não porque carece de alguma coisa, mas porque é pura doação. O mesmo pode ser dito do Filho. A riqueza de ambos é a entrega total que um faz ao outro[10]. Enquanto pobres, as pessoas divinas são necessariamente "humildes", não podendo se vangloriar de algum bem que lhe pertence em exclusiva. Verifica-se que, enquanto fonte inesgotável de amor puro e incontaminado, o Pai e o Filho estão abertos para acolher todo o positivo que os seres humanos realizam na existência. Ao mesmo tempo, o amor divino é purificador porque destrói toda maldade; de fato, sua justiça é, em primeiro lugar, fidelidade ao seu projeto redentor, não justiça punitiva.

Pai e Filho olham, então, para o ser humano com respeito e com desejo de sua realização plena, como faz uma mãe que, abraçando sua criança, depende totalmente dela, não no plano da geração, mas no plano do amor[11]. É necessário, pois, não encurtar os horizontes de Deus, colocando um limite ao seu amor, à sua visão acolhedora dos caminhos humanos, porque isso significaria tornar-se árbitros da salvação. Por isso, na revelação bíblica, destaca-se

---

9. Um ser todo-poderoso pode ser um déspota, um ditador tirânico que dá medo, representando mais uma ameaça para a fragilidade humana do que uma ajuda e um sustento.
10. Não é simples entender esta afirmação porque, entre os seres humanos, quem não possui nada para si, tampouco é uma personalidade realizada e definida. Cf. Varillon, F., *Gioia di credere, gioia di vivere*, 30-35.
11. Como o pai amoroso da parábola lucana depende totalmente do filho que deixou a casa paterna e decidiu voltar para ele (Lc 15,11-32), da mesma forma é possível dizer, com uma expressão paradoxal, que Deus depende das suas criaturas, não sendo indiferente à sua vida e às suas realizações.

que Deus é sempre fiel à sua Aliança, independentemente do modo de proceder do ser humano (Jr 31,33; Ez 36,28; Sl 144,13; 2Tm 2,13), preocupando-se com as suas criaturas, cujos dias são sombra que se esvai (Sl 144,3-4).

À luz dessas reflexões, entende-se o porquê do despojamento de Jesus, até a morte, e morte de cruz, ser um sinal inequívoco do amor incondicional de Deus para a humanidade (Jo 3,16). Enraíza-se no amor eterno entre o Pai e o Filho, tornando-se expressão concreta desse amor, a sua "transparência histórica", comenta Maggioni[12]. Com efeito, "o escândalo da cruz não é outra coisa senão o escândalo do amor"[13]. Entende-se também por que, no juízo final, todos os seres serão julgados pelo amor que representa o verdadeiro valor da existência humana, pois Deus é amor (Mt 25,31-46).

A experiência pessoal, fortalecida pela ação interior do Espírito Santo, pode dar ao fiel uma compreensão menos imperfeita da infinita bondade de Deus que envolve toda a criação.

2. Amor ao próximo

A comunidade joanina manifesta a certeza de que "não fomos nós que amamos a Deus, mas foi ele quem nos amou e enviou seu Filho como vítima de expiação pelos nossos pecados"[14]; portanto, "se Deus assim nos amou, devemos nós também amar-nos uns aos outros" (1Jo 4,7.10.11.19). Deus tem uma prioridade absoluta no amor que deve reinar entre os cristãos, pois "o amor é de Deus", procede dele, é dom dele. Amar-se uns aos outros é, assim, o fruto da ação misericordiosa de Deus que transforma as relações.

A ótica da narrativa joanina está focada na comunidade cristã, mas as palavras de Jesus têm valor universal. Vários itens ajudam a aprofundar o tema.

2.1. Mandamento novo

A frase: "Dou-vos um mandamento novo: que vos ameis uns aos outros. Como eu vos amei, amai-vos também uns aos outros", interrompe a sequência da despedida de Jesus após a ceia e manifesta o seu anseio profundo na hora

---

12. MAGGIONI, B., *O Evangelho de João*, 452.
13. WIÉNER, C., Amore, in: *Dizionario di teologia biblica*, Torino, Marietti, 1976, 37-47, aqui, 43. Também o gesto de Jesus que lava os pés aos discípulos, desempenhando a tarefa do escravo, oferece uma imagem eloquente da atitude do Pai e do Filho a respeito do ser humano pecador (Jo 13,5).
14. Em 1 João 4,19 afirma-se: "Quanto a nós, amemos porque ele nos amou primeiro".

Capítulo 3. AMAR

de deixar este mundo. A motivação é esta: só desse modo "conhecerão todos que sois meus discípulos" (Jo 13,34-35).

É a única vez que, no quarto evangelho, o mandamento do amor é qualificado como "novo" (*kainós*)[15]. "Novo" não porque até então desconhecido, pois no "Código da santidade" já se salienta a importância do amor ao próximo, embora com uma perspectiva mais restrita, referente aos que partilham da mesma cultura e religião: "Amarás o teu próximo como a ti mesmo. Eu sou o Senhor" (Lv 19,18). Trata-se de um amor que deve se expressar em gestos tangíveis, como não roubar, não mentir, não enganar, não se vingar, não guardar rancor, porque os filhos de Israel são chamados a serem "santos" como o Senhor é santo (Lv 19,2)[16].

A novidade do mandamento é, então, qualitativa, por causa da novidade definitiva que Jesus traz ao mundo com a sua vinda, pela perfeição com que é possível amar, depois de ele nos ter dado um exemplo que vai além de todos os limites[17]. De fato, o adjetivo "novo" refere-se ao *seu* mandamento, como Jesus especifica: "Este é o *meu* mandamento: amai-vos uns aos outros como eu vos amei" (Jo 15,12). Como declara Agostinho,

> o mandamento do amor é novo, assim como é nova a Aliança que Jesus estabelece com a humanidade, como é novo o ser humano à medida que acredita no Ressuscitado e recebe o batismo, como é novo o canto com que se louva a Deus com uma vida cristã genuína[18].

Dizendo: "Como eu vos amei, amai-vos também uns aos outros" (13,34b), Jesus se apresenta como modelo de amor para os discípulos, exortados a fazerem uma doação generosa da sua existência. O simples exemplo, no entanto, pode deixar os corações humanos dominados pelo egoísmo, frios e indiferentes diante das necessidades dos outros, sem proporcionar a força para se entregar. O advérbio "como" (*kathōs*), com que começa a frase, tem também valor causativo. Realça a energia nova que procede de Jesus, que transforma as pessoas, contagiando-as e outorgando-lhes a vontade de servir aos outros, habili-

---

15. A especificação "mandamento novo" é mais frequente nas cartas joaninas (1Jo 2,7.8; 2Jo 5).
16. Não se trata de uma santidade ritual, mas de uma santidade que decorre da vida honesta, vivida pelos outros.
17. Na primeira carta lê-se: "Não vos escrevo um mandamento novo, mas um mandamento antigo, que recebestes desde o início" (1Jo 2,7). O autor não se refere ao Antigo Testamento, mas ao mandamento recebido desde o começo da vida cristã, isto é, o do batismo.
18. AGOSTINHO, *Comentário aos Salmos*, Salmo 32, Sermão I, 8, São Paulo, Paulus, 1997, 392-393.

tando-as a amar. Por isso, na frase citada, o amor de Jesus é apresentado como um ato concluído, indicado com um verbo no passado – "eu vos amei" –, enquanto o amor dos discípulos está em via de realização – "amai-vos uns aos outros" –, realçando que o mandato conferido por Jesus se torna possível em virtude da sua entrega na cruz (vv. 31-32).

Por causa dessa energia renovadora, os sentimentos e os impulsos primários do ser humano são modificados, conseguindo superar a resistência da natureza humana decaída que não quer se converter. O objetivo é chegar gradativamente a compreender o que significa amar e viver com uma atitude sempre mais generosa e desprendida em relação aos outros (2Jo 1; 3Jo 1.6).

O amor com que Jesus ama os discípulos vem do Pai, que é a fonte de todo amor, pois: "Com o amor com que o Pai me amou, também eu vos amei" (Jo 15,9). O amor do Pai e do Filho constituem um único amor que, numa corrente descendente, se transmite ao ser humano, rejuvenescendo sua existência. Com efeito, amando o Filho, o Pai ama necessariamente os que reconhecem em Jesus o seu enviado e vivem em comunhão com ele, como Jesus assegura: "Quem me ama será amado por meu Pai" (14,21), pois "o próprio Pai vos ama porque me amastes e crestes que vim de Deus" (16,27).

2.2. Amor e mandamentos

O amor é dom de Deus que atinge o ser humano por meio do seu Filho. Trata-se de um amor recebido, da mesma qualidade do amor divino que continua produzindo frutos (17,26), de uma força poderosa, muito diferente de uma simples afeição humana.

Procurando indicar aos fiéis um caminho para se tornarem partícipes do amor que o Pai tem para o Filho, Jesus destaca a importância de observar os mandamentos: "Se observais os meus mandamentos permanecereis no meu amor, como eu observei os mandamentos do meu Pai e permaneço em seu amor" (15,10)[19]. O termo "mandamento" (*entolé*) refere-se às orientações de vida contidas nos evangelhos, não tanto aos preceitos dados por Deus a Moisés por ocasião da Aliança sinaítica[20]. "Observar os mandamentos" significa seguir a vontade de Deus, viver à luz do evangelho, assim como Jesus viveu segundo a vontade do Pai. "Mandamento" corresponde à palavra de Jesus, como

---

19. Cf. João 14,15.21; 15,10; 2 João 6.
20. A *Torah*, enquanto dom de Deus e grande orientação de vida para o povo de Israel, continua tendo valor, pois Jesus veio não para abolir, mas dar pleno cumprimento à legislação antiga, abolindo e radicalizando alguns preceitos (Mt 5,20-48).

Capítulo 3. AMAR

ele mesmo destaca: "Se alguém me ama, guardará minha palavra" (14,23a). Com efeito, o ser humano necessita de uma norma externa para pautar a sua existência, a qual, no caso específico do cristão, corresponde a ter constantemente diante dos olhos o modo de proceder de Jesus e as exortações do evangelho, para não correr o risco de ilusões, saindo do caminho certo.

Jesus insiste nessa atitude básica da vida cristã, censurando a cegueira humana com uma frase em negativo: "Quem não me ama, não guarda as minhas palavras", lamentando que quem não observa sua palavra, que é a palavra do Pai, tampouco pode dizer que o ama, embora, em sua presunção, possa pensar o contrário (14,24)[21].

Amor e observância dos mandamentos estão, assim, entrelaçados. Essa necessidade de relacionamento fiel fundamenta-se nos pactos entre senhor e vassalo, característicos da antiguidade. De fato, a própria aliança entre Deus e o seu povo é apresentada segundo o modelo dos tratados profanos que vigoravam na época veterotestamentária. Deus é fiel a seu povo e ele deve manifestar-lhe fidelidade com a observância de cláusulas concretas, como acontecia entre membros de grupos sociais diferentes na história bíblica.

A esse respeito é significativo o texto de Deuteronômio 10,12-13:

> E agora, Israel, que é que o Senhor teu Deus te pede? Apenas que temas ao Senhor teu Deus, andando em seus caminhos, e o *ames*, servindo ao Senhor teu Deus com todo o teu coração e com toda a tua alma, e que observes os *mandamentos* do Senhor e os estatutos que eu te ordeno hoje, para o teu bem.

A observância das normas preestabelecidas é considerada uma prova de amor. Como Israel fica fiel à aliança com Deus obedecendo aos estatutos que lhe foram dados, realizando a sua existência, da mesma forma a comunidade dos discípulos, de acordo com a tradição bíblica, deve mostrar sua lealdade e seu amor por Jesus seguindo os seus mandamentos, em primeiro lugar, o mandamento do amor entre os irmãos.

É verdade que o amor não pode se expressar somente, obedecendo a preceitos determinados. O amor genuíno é sempre maior que as normas, porque as supera por excesso, respeitando-as, mas atuando impulsionado pela generosidade, querendo oferecer aos outros tudo o que pode dar. O amor do qual fala Jesus é desse tipo. Por isso, como no caso de Jesus (14,31), o verbo "orde-

---

21. A comunidade joanina confessa que os mandamentos de Jesus não são pesados (1Jo 5,3), pois seu "fardo é leve" (Mt 11,30).

nar" (*entéllesthai*) na frase: "Isto vos ordeno: amai-vos uns aos outros", não indica uma injunção ou uma prescrição normativa, mas uma exortação a viver não centrados em si mesmos, mas abertos aos outros e disponíveis para ajudar o próximo, fazendo uma experiência transformadora (15,17).

No quarto evangelho, a exortação a amar é dirigida, em primeiro lugar, aos membros da comunidade. Por isso, o autor não fala do amor aos inimigos (Mt 5,44; Lc 6,27). Entretanto, está ciente de que o amor dos discípulos deve irradiar para fora (1Jo 2,10; 3,11.14.23; 4,7.12.21), porque amar é fazer com que o dom de Deus frutifique e se torne um sinal para o mundo, pois, só desta forma, "todos conhecerão que sois meus discípulos".

2.3. Purificação do amor

O amor humano é sempre imperfeito e egocêntrico, transitório "como a neblina da manhã, como o orvalho que logo se dissipa" (Os 6,4), por isso deve ser constantemente purificado pelo amor puro que vem de Deus. É o caminho de toda a existência cristã, alimentado pela escuta da palavra de Deus que impulsiona a fazer da existência um dom para os outros. O amor humano, como foi definido pelos filósofos antigos, é basicamente *eros*, isto é, desejo, aspiração, necessidade. O termo não indica somente o amor sensual que procura conseguir o que lhe carece, atraído pela formosura dos corpos, mas também o amor espiritual pela sabedoria ou pela própria beleza divina, que exige uma elevação progressiva, passando de uma experiência de carência a uma contemplação interior, como Platão destaca no *Simpósio* (203c-d).

Diversamente, a caridade que vem de Deus, o *agape*, é um dom que enaltece as afeições humanas, purificando-as. Corresponde ao amor longânime, bondoso, fiel, generoso, altruísta. Entrelaçando-se com o *eros*, não o abole, mas o eleva, habilitando-o a fazer grandes coisas que superam as meras possibilidades naturais. Não somente estimula a preencher o que falta ao ser humano, mas o anima a dar com generosidade aos que o rodeiam, se for necessário até a própria vida, apesar das suas insuficiências, deixando-se impulsionar pela força divina que age nele, vivendo uma existência renovada. O papa Bento XVI, na sua encíclica *Deus caritas est*, escreve:

> Na realidade, *eros* e *ágape* – amor ascendente e amor descendente – nunca se deixam separar completamente um do outro. Quanto mais os dois encontrarem a justa unidade, embora em distintas dimensões, na única realidade do amor, tanto mais se realiza a verdadeira

natureza do amor em geral. Embora o *eros* seja inicialmente sobretudo ambicioso, ascendente – fascinação pela grande promessa de felicidade – depois, à medida que se aproxima do outro, far-se-á cada vez menos perguntas sobre si próprio, procurará sempre mais a felicidade do outro, preocupar-se-á cada vez mais dele, doar-se-á e desejará existir para o outro[22].

Dessa forma, o amor do cristão torna-se adulto e perseverante, bem enraizado nos corações, não mais "joguetes das ondas agitadas por todo vento de doutrina" (Ef 4,14). É provável que os discípulos alcançaram gradativamente esse objetivo, pois Jesus, no final do seu ministério público, lhes diz: "O Pai vos ama, porque me amastes" (16,27)[23].

2.4. Amor ao irmão e amor a Deus

Na teologia joanina, o amor é triangular. Não existe verdadeiro amor a Deus sem amor ao irmão (1Jo 4,20-21). Afasta-se, dessa forma, todo sentimentalismo e todo sonho fantástico. O autor considera os dois mandamentos como um único mandamento, realçando que o amor de Deus é autêntico somente se há amor aos irmãos. Difere, então, dos sinóticos, que destacam a importância de amar a Deus com todo o coração, com toda a alma, com todas as forças, de acordo com o preceito de Deuteronômio 6,5, acrescentando que o amor ao próximo é o segundo mandamento, também necessário[24].

Como sabemos, João salienta que o Pai ama o ser humano por meio do Filho, esperando uma resposta. A resposta não pode ser direta, por causa da desproporção entre Deus e a criatura; torna-se fidedigna somente se é mediada pelo amor aos irmãos. Amando-os de modo desinteressado, manifesta-se a mesma atitude de gratuidade que Deus demonstra para cada ser humano. Jesus, de fato, encontra-se nos irmãos mais necessitados (Mt 25,31-46), embora esta afirmação não se encontre no quarto evangelho. Ama-se, então, de verdade a Deus amando o próximo com magnanimidade, desinteresse e espírito de fraternidade (1Jo 3,14.17-18; 4,20).

A comunidade joanina destaca que o amor deve se manifestar com gestos visíveis, "por ações e em verdade". Por isso, declara: "Se alguém, possuindo

---

22. Papa Bento XVI, *Deus caritas est*, 7.
23. O verbo grego "me amastes", no tempo perfeito (*pephilēkate*), realça o amor perseverante dos discípulos, desejoso de perfeição.
24. Cf. Marcos 12,33; Mateus 22,39; Lucas 10,27.

os bens deste mundo, vê o seu irmão na necessidade e lhe fecha o coração, como permanecerá nele o amor de Deus?" (1Jo 3,17-18)[25]. A recomendação é a mesma que se encontra em Deuteronômio 15,7-8, porque o dever da ajuda recíproca perpassa toda a revelação:

> Se houver, no teu meio, um indigente dentre os teus irmãos, numa das tuas cidades no país que o Senhor teu Deus te dá, não endurecerás o teu coração, nem fecharás a tua mão para esse irmão indigente; mas lhe abrirás a tua mão e lhe darás emprestado o suficiente para as suas necessidades.

Quem não atua desta forma é qualificado de "homicida" (1Jo 3,15). O termo refere-se tanto a quem assim atua, rejeitando a força do Espírito que o estimula a ser generoso, quanto aos necessitados, vítimas da sua insensibilidade.

O evangelista sabe que a exortação a amar os irmãos, como prova concreta de amor a Deus, pode ser interpretada como mera filantropia e assim esvaziada da sua verdadeira intenção. O amor ao próximo não substitui o amor a Deus, porque é possível fazer obras de voluntariado, ajudando quem passa por dificuldades, sem se preocupar com Deus. Isso pode acontecer em alguns membros das atuais organizações não governamentais (ONGs), sempre muito beneméritas, porque seu modo de proceder pode ser ocasião para descobrir não somente os outros que vivem na miséria, mas também o Outro por excelência.

Para evitar esta possibilidade de mal-entendido, a comunidade joanina alerta que é também necessário amar a Deus para amar de verdade os irmãos, revertendo a posição expressa em 1 João 4,20-21. De fato, logo em seguida, escreve: "Todo o que crê que Jesus é o Cristo, nasceu de Deus e todo o que ama ao que gerou, ama também o que dele nasceu" (1Jo 5,1). É preciso amar a quem gerou, isto é, a Deus, para amar também os que nasceram de Deus, a saber, seus filhos, em particular os que são acometidos por graves carências. Em poucos versículos, então, salienta-se que o amor aos irmãos é necessário para evitar a ilusão de amar a Deus sem um compromisso concreto com os outros, e que o amor a Deus é fundamental para amar os irmãos, com a atenção, o respeito e a delicadeza que essa tarefa acarreta. O movimento, portanto, é dúplice[26].

---

25. Os primeiros germes da gnose, que começavam a se espalhar na comunidade, davam grande valor ao conhecimento da origem celeste de cada ser, mas pouca importância ao modo concreto de proceder.
26. POTTERIE, I. de la, L'amore di Dio Padre fonte dell'amore per i figli di Dio, *Parola, Spirito e Vita*, v. 11 (1985) 195-216, especialmente 204-205.

Agostinho escreve:

> O amor a Deus é o primeiro em relação ao conhecimento, mas o amor ao próximo é o primeiro em relação à atuação prática. Aquele que, nesses dois preceitos, te ordena de amar não te ensina primeiro o amor ao próximo e, depois, a Deus, mas vice-versa. Porém, sendo que tu ainda não vês a Deus, amando o próximo, adquires o mérito de vê-lo. Amando o próximo, tu purificas o teu olho para ver a Deus, como claramente afirma São João: "Quem não ama seu irmão, a quem vê, a Deus, a quem não vê, não poderá amar" (1Jo 4,20). Eis que eu te digo: "Ama a Deus". Se tu me dissesses: "Mostra-me a quem devo amar", eu te responderia com as palavras de João: "Ninguém jamais viu a Deus" (Jo 1,18). Porém, porque tu não te consideres totalmente excluído da possibilidade de ver a Deus, o próprio João realça: "Deus é amor: aquele que permanece no amor permanece em Deus e Deus permanece nele" (1Jo 4,16). Então, ama o próximo e, olhando a ti mesmo e descobrindo onde nasce esse amor, verás, por quanto é possível, a Deus[27].

2.5. Amor de quem dirige a comunidade

Para quem recebe a tarefa de dirigir a comunidade cristã, amar é sumamente necessário. Pedro, após ter renegado três vezes Jesus durante a paixão, antes de receber o mandato de responsável pelos irmãos, é interrogado pelo Ressuscitado a respeito do seu amor por ele: "Simão, filho de João, tu me amas?" (Jo 21,15-17)[28].

O pedido, repetido pela terceira vez, entristece o discípulo. Após ter afirmado duas vezes: "Sim, Senhor, tu sabes (*oîda*) que te amo", usando um verbo que aponta para o conhecimento divino que Jesus tem dele, continua apelando para o conhecimento humano e concreto que o Mestre teve da sua pessoa durante o ministério público: "Senhor tu sabes tudo, tu sabes (*ginôskeis*) que te amo"[29]. Apesar da fraqueza que caracteriza cada ser humano, Jesus

---

27. AGOSTINHO, *Comentário do Evangelho de São João*, 17, 7-9 (Patrologia Latina 35, 1531-1532).
28. O fato de que, na terceira pergunta, aparece o verbo *philein* e não *agapán*, não muda o sentido das palavras de Jesus, porque, como foi dito, na língua *koiné* do século I d.C. os verbos são intercambiáveis.
29. O verbo grego *ginóskein* indica um conhecimento que alcança a verdade, superando eventuais incertezas.

sabe que Pedro é um homem magnânimo e cheio de entusiasmo, tendo um conhecimento completo dele. Pode, então, confiar-lhe a direção da comunidade dos discípulos. Como destaca Agostinho, antes lhe foi pedido o amor, em seguida foi-lhe imposto o peso, "pois onde maior é o amor, menor é o peso do cansaço"[30].

A tarefa de apascentar (*poimaínein*) as ovelhas implica a cura do rebanho em todos os sentidos; elas devem receber instrução, formação, orientações morais, para que possam crescer na fé e na adesão a Jesus de forma sempre mais madura, precisando de comida (*bóskein*) tanto humana quanto espiritual.

No exercício do seu mandato, Pedro deve lembrar que as ovelhas continuam pertencendo a Jesus, como especifica o pronome possessivo na frase: "Apascenta as *minhas* ovelhas". Por isso, quem tem a responsabilidade de dirigir a comunidade deve estar sempre animado por um amor respeitoso e compreensivo pelos outros, pois cada ser humano é sacro. O ideal que Jesus propõe é que a vida cristã se desenvolva num clima de mútuo amor, tanto por parte dos líderes como dos fiéis. Por isso, tem grande valor a exortação:

> Apascentai o rebanho de Deus que vos foi confiado, cuidando dele, não como por coação, mas de livre vontade, como Deus o quer, não por torpe ganância, mas por devoção, nem como senhores daqueles que vos couberam por sorte, mas, antes, como modelo do rebanho (1Pd 5,2-3).

2.6. Amor e conhecimento de Deus

O intelecto humano é insuficiente para conhecer a Deus na sua verdadeira identidade e venerá-lo como é necessário. Muitos filósofos, ao longo da história, procurando dar uma resposta aos anseios profundos do coração, chegaram a conjecturar a existência de Deus, enquanto criador e regedor do universo, causa prima e fim último de toda a realidade. Palavras iluminadoras, mas sempre pobres e questionáveis, que manifestam a impossibilidade de desvendar o mistério que envolve o ser humano. Em nossos tempos, focados na centralidade do homem, a questão de Deus tornou-se marginal e quase sem importância, determinando um desnorteamento generalizado e, para muitos, a perda do sentido global da vida e do seu valor. Opondo-se a esses caminhos, a comunidade joanina, coerente com a declaração de que "Deus é amor", des-

---

30. AGOSTINHO, *Sermões* 340, 1 (Patrologia Latina 38, 1483).

taca que o caminho certo para se aproximar de Deus é o amor: "Todo aquele que ama nasceu de Deus e conhece a Deus". Dá realce a essa afirmação com a frase negativa: "Aquele que não ama não conheceu a Deus" (1Jo 4,7-8), afirmando que amar antecipa o conhecer e o conhecer é fruto do amor.

Isto significa que somente amando o próximo, compreendendo as suas necessidades e limitações, é possível entender algo da realidade divina que é fornalha eterna de amor, porque ama e valoriza cada pessoa na sua realidade concreta. Consegue compreender a identidade de Deus não tanto por meio do intelecto, mas pela fé, animada pela caridade. Com efeito, o ser humano pode conhecer a Deus como um objeto da sua pesquisa, mas sem honrá-lo como merece, sem render-lhe graças, sem reconhecer sua majestade e o que dela decorre, perdendo-se, dessa forma, em vãos arrazoados e ficando nas trevas, vítima das paixões mundanas (Rm 1,21).

O verdadeiro conhecimento de Deus, sempre limitado, é fruto da revelação do Verbo que se fez carne na pessoa de Jesus; é também a consequência do amor que deve caracterizar a vida do fiel: amor ao próximo, em particular aos mais necessitados, conhecendo suas provações e fraquezas, mas também sua fé espontânea e simples, cheia de esperança em Deus que perdoa e salva, sua generosidade e sua capacidade de partilhar o pouco que têm com outros carentes. É a atitude de Deus a respeito de cada ser humano. Amando, sem procurar seus interesses, significa, assim, experimentar algo do modo de proceder de Deus, ficando mais perto dele e progredindo no entendimento da sua realidade misteriosa. De fato, o coração intui e compreende o que depois a razão organiza e estrutura, tomando decisões acertadas. Dizendo isso, não se exclui o valor do raciocínio, cuja tarefa é a de pesquisar as causas das coisas; a razão, porém, é convidada a juntar-se ao compromisso moral de viver pelos outros, porque essa atitude permite entrever novas perspectivas, às vezes imprevisíveis. Quem anda por esse caminho entende que a compreensão de Deus, proporcionada pela fé, é plenamente razoável.

À luz dessas afirmações, Boaventura fala de duas formas de teologia: uma que vem da arrogância da razão que, querendo dominar tudo, considera Deus como objeto de estudo e não como o sujeito do qual tudo depende. Outra é a teologia estimulada e dirigida pelo amor que quer conhecer o Amado pelo amor. Esta é a genuína teologia, da qual Cristo é a porta e a escada. Por isso, suspensa toda atividade intelectual, é preciso que, em primeiro lugar, todo afeto do coração seja transformado e transferido em Deus. Trata-se de um fato místico que ninguém conhece senão quem o recebe, pois é um dom. Recebe-o apenas quem o deseja e o deseja somente quem é inflamado pelo fogo do Espírito Santo, que Jesus trouxe à terra[31].

Oxalá, uma sociedade mais humana e atenta aos problemas de cada pessoa conseguisse renovar entre os povos a certeza de que Deus é bondoso e providente para com todos.

2.7. Amor e o amadurecimento da experiência cristã

O testemunho de uma vida nova, pautada pelo amor, depende, antes de tudo, da transformação interior do fiel, produzida gradativamente pela comunhão com Jesus ressuscitado. Não se trata de um objetivo imediato que pode ser alcançado pela força da vontade, mas de um dom da graça divina que exige a colaboração humana ao longo de toda a existência, e consiste no aprofundamento pleno da catequese batismal, recebida "desde o início" (1Jo 3,11). O ideal é, portanto, "andar (*peripatein*) no amor", percorrer o caminho da vida amando a Deus e aos irmãos (2Jo 5), progredindo até a medida estabelecida por Deus para cada ser humano, na consciência de que o amor procede de Deus. É ele que impulsiona o cristão a amar, fazendo-o instrumento dócil para que se realize o seu desígnio de salvação[32].

A convicção da necessidade de fazer da vida uma doação de amor depende, em primeiro lugar, da compreensão sempre mais aprofundada da generosidade inacreditável de Jesus, que contagia quem o reconhece como Salvador. O Paráclito, o Espírito da verdade, aumenta no fiel a certeza de que Jesus vivo o ama, assim como o Pai o ama (Jo 14,15-17), fortalecendo o seu propósito de entrega, conduzindo-o paulatinamente à verdade plena (16,13).

Também, a persuasão de que, com o evento pascal, Jesus glorificado e o Pai vêm habitar nele – "a ele viremos e nele estabeleceremos morada" (14,23) – representa uma ajuda importante que anima o discípulo a oferecer a sua existência pelo bem dos outros[33]. À medida que adquire a consciência de que, desde já, é envolvido e transformado radicalmente pela benevolência do Pai, num

---

31. BOAVENTURA, *Itinerário da mente para Deus*, VII, 5-6. Disponível em: <https://www.academia.edu/search?q=1274__Bonaventura__Itinerarium_Mentis_in_Deum__LT.pdf.html&tab=1&utf8=%E2%9C%93>. Data de acesso: 20 abr. 2023.

32. Com toda probabilidade, na frase: "O que guarda a sua palavra, nesse, verdadeiramente, o amor de Deus é perfeito" (1Jo 2,5-6), não se fala do amor que o ser humano tem por Deus, mas do amor que Deus tem por ele.

33. Os verbos, no futuro, apontam para uma realidade que começa a se verificar com a morte e ressurreição de Jesus.

processo de regeneração contínua que faz dele templo e sacrário de Deus[34], embora seja feito de barro, o cristão, vencendo o comodismo que ainda reina nele, sente-se impulsionado a produzir frutos de bondade e de amor. Amadurece no seu coração, à luz da Palavra, a convicção firme de que a vida cristã deve ser uma existência o mais possível livre do egocentrismo, respeitosa da dignidade de cada pessoa, entregue aos outros, pois somente dessa forma se torna sinal de fé genuína e de efetivo seguimento de Jesus.

Pode-se acrescentar que, na oração antes da paixão, Jesus reconhece diante do Pai: "Eu lhes dei a conhecer o teu nome e lhes darei a conhecer a fim de que o amor com que me amaste esteja neles e eu nele" (17,26). A consideração abrange o passado e aponta para o futuro. Jesus parece destacar que o amor do cristão é destinado a crescer e a se manifestar de modo sempre mais palpável de acordo com o conhecimento progressivo do nome do Pai. Como se sabe, o termo "nome", corresponde à identidade de uma pessoa e, no caso específico, à identidade de Deus. Os discípulos já conheceram e fizeram a experiência de que Deus é amor. Essa experiência vai continuar no tempo e crescer em qualidade e desprendimento, até o amor que vem de Deus se apoderar completamente deles. É lógico supor, portanto, que, à medida da aceitação da revelação do Pai, feita por Jesus[35], a chama do amor a Deus e ao próximo, que arde no coração do discípulo, queime com sempre maior ardor. Isso não acarreta necessariamente um acréscimo de experiência gozosa, porque o amor de Deus se conjuga com as vicissitudes humanas e passa pelo crivo da cruz.

3. A unidade

No quarto evangelho, a exortação à unidade é insistente, porque o amor entre os irmãos deve criar comunidades nas quais reina a concórdia, fruto e sinal da estima e da aceitação recíproca.

3.1. União entre os discípulos

O anseio de Jesus pela unidade dos discípulos perpassa todo o quarto evangelho e se expressa de várias formas.

---

34. Os Padres da Igreja chamaram este processo de "divinização".
35. Os dois verbos, o primeiro no passado "dei a conhecer" e o segundo no futuro "darei a conhecer", apontam para uma dinâmica em ascensão.

3.1.1. Um só rebanho e um só pastor

Apresentando-se como o bom pastor, Jesus manifesta o desejo de que o seu rebanho adquira proporções universais. Sabe que há outras ovelhas, sejam elas pagãos ou membros marginais do povo judaico, que não pertencem ao aprisco no qual encontram abrigo os discípulos. Também elas devem ouvir a voz do pastor, a fim de que se forme "um só rebanho e um só pastor" (10,16). O projeto de Jesus é, pois, que todos possam ser beneficiados por ele. À ação de dispersão feita pelo lobo, segue-se a ação da reunião sob o cajado do único pastor, no respeito da liberdade de cada ser.

Jesus acrescenta que o plano que é chamado a realizar não é dele, mas do Pai, de acordo com as suas palavras: "Também elas eu devo (*deî*) conduzir e ouvirão a minha voz" (10,16). Com efeito, o verbo grego "devo" aqui usado, em João, refere-se sempre ao desígnio do Pai que, começado no Antigo Testamento, deve necessariamente ser cumprido. A efetivação deste projeto acarreta um preço a pagar: a morte do pastor, sua oferenda fecunda, feita por amor.

3.1.2. Para congregar na unidade os filhos de Deus

Após o Sinédrio ter aceitado a proposta de Caifás e decidido a morte de Jesus, considerando-o um agitador político (6,14; 12,13; cf. Lc 23,2), o evangelista comenta que o sumo sacerdote "profetizou que Jesus iria morrer pela nação, e não só pela nação, mas também para congregar na unidade todos os filhos de Deus dispersos" (Jo 11,51-52). A razão de estado prevalece e a morte do inocente é decretada. Deus, no entanto, utiliza os acontecimentos históricos para executar seu desígnio salvífico que tem abrangência universal. De fato, com a morte de Jesus, realiza-se a união não apenas de Israel, mas de todos os filhos de Deus, espalhados na diáspora e no mundo, porque o Crucificado tem o poder de atrair a si todos os seres (12,32). A cruz, à qual se faz referência na alegoria do bom pastor, torna-se a força unificadora que redime e congrega o mundo inteiro.

Realizam-se as profecias veterotestamentárias que anunciavam o dia em que o Deus de Israel, por meio do seu povo escolhido, mediador de salvação para todas as nações, seria o Senhor de toda a terra[36]. Canta o salmista: "Todas as nações virão te adorar e dar glória ao teu nome, Senhor, pois tu és grande e fazes maravilhas, tu és Deus, tu és o único" (Sl 86,9); e o profeta Isaías anuncia:

---

36. Cf. Isaías 2,2-4; 43,10-11; 54,1-3; 55,5; Ezequiel 37,28; Salmos 82,8; 86,9.

Capítulo 3. AMAR

Dias virão em que o monte da casa do Senhor será fundado no mais alto das montanhas e dominará as colinas. A ele acorrerão todas as nações, muitos povos virão, dizendo: Vinde, subamos ao monte do Senhor, à casa do Deus de Jacó, para que ele nos ensine seus caminhos e sigamos suas veredas. Pois de Sião virá a Lei, e de Jerusalém, a palavra do Senhor. Ele julgará as nações, julgará povos numerosos. Eles forjarão relhas de suas espadas, e foices de suas lanças. Uma nação não erguerá a espada contra outra, e nem se treinará mais para a guerra. Ó casa de Jacó, vinde, andemos na luz do Senhor (Is 2,2-5)[37].

É por meio de Jesus morto e ressuscitado que esse grande desígnio de unidade e de renovação se verifica.

3.1.3. Para que sejam um como nós

O pedido pela unidade dos discípulos, presente ao longo da narrativa joanina, intensifica-se na oração de Jesus antes da sua paixão. No começo, Jesus reza pelos discípulos históricos que guardaram a palavra que lhes foi transmitida, pedindo ao Pai, com o verbo no imperativo, que os guarde em seu nome, diante das provações da existência, com a sua força santificadora, como ele os guardou na sua vida terrena que está para terminar (Jo 17,9-19).

Desde sempre os discípulos pertencem ao Pai e foram entregues a Jesus pelo Pai, porque Jesus e o Pai partilham da mesma identidade divina e da mesma glória, pois: "Tudo o que é meu é teu e tudo o que é teu é meu" (v. 10). O amparo do Pai, o "Santo" por excelência, totalmente separado do profano e, ao mesmo tempo, próximo do ser humano, representa a garantia melhor da perseverança dos fiéis na fé, no amor recíproco e no caminho da santificação, ficando no mundo sem serem do mundo.

A oração não se limita ao pequeno grupo dos fiéis que se aproximaram de Jesus durante o seu ministério terreno, mas abrange os discípulos futuros. Jesus roga também por todos os que crerão nele por causa da palavra das primeiras testemunhas, "a fim de que todos sejam um, como tu Pai estás em mim e eu em ti; que eles estejam em nós, para que o mundo creia que tu me enviaste" (v. 21). A força que realiza e sustenta essa unidade é somente divina;

---

37. O plano de Jesus supera o anúncio de Ezequiel, limitado à nação judaica: "Assim diz o Senhor Deus: eis que vou tomar os filhos de Israel dentre as nações, para as quais foram levados, e reuni-los-ei de todos os povos e os reconduzirei para a sua terra, e farei deles uma só nação na terra, nos montes de Israel, e haverá um só rei para todos eles" (Ez 37,21-22).

não é fruto do compromisso humano, destinado ao fracasso, mas da ação de Deus por meio de Jesus ressuscitado, à medida que encontra guarida no coração dos fiéis[38]. O que faz deles uma só comunidade, independentemente das diferenças culturais, é a experiência de serem acolhidos na intimidade que existe entre o Pai e o Filho. Com efeito, Jesus continua insistindo no fato de que o alicerce sobre o qual é possível realizar o amor mútuo entre os discípulos é a comunhão com o Pai e com ele, como realça a fórmula que encerra a oração: "Eu neles e tu em mim, que eles sejam perfeitos na unidade" (v. 23). A presença do Filho nos fiéis e do Pai no Filho é a fonte permanente da unidade entre os cristãos e, ao mesmo tempo, a expressão mais elevada e perfeita do projeto salvífico de Deus, ao qual todos são convidados.

Trata-se de uma unidade que está se realizando, ainda imperfeita e nunca alcançada em plenitude, pois na expressão "que sejam perfeitos na unidade", o verbo (*teleioûn*) é acompanhado por uma preposição (*eis*) que indica movimento, rumo à plenitude. Com efeito, segundo a expressão de Orígenes, a Igreja é a *santa meretrix*: "santa" por causa do Espírito que a vivifica, mas "meretriz" porque formada de pecadores, dos quais Judas é um representante significativo (v. 12). Por conseguinte, o caminho da unidade é árduo e fatigante.

O autor acrescenta que por meio da comunidade unida, embora de modo provisório, se manifesta a glória que o Pai deu a Jesus, como ele mesmo declara: "Eu lhes dei a glória que tu me deste" (v. 22)[39]. "Glória" equivale ao esplendor de Deus que se revela no mundo e, no caso de Jesus, corresponde ao seu amor sem limite que expressa o amor eterno do Pai. O termo, referido aos discípulos, aponta para o serviço generoso e desprendido que deve caracterizar sua existência, como caracterizou a de Jesus, longe de qualquer atitude triunfalista que deseja prevalecer sobre os outros, impondo-se. Só uma comunidade concorde e unânime que sabe amar e entregar-se, tornando-se a samaritana da humanidade, pode ser promotora de unidade e testemunha do amor de Deus para os que não acreditam. Na terra, sempre de forma limitada; na escatologia, de forma plena.

3.1.4. *Para que o mundo creia*

O amor e a união da comunidade têm como finalidade que o mundo se abra ao mistério do amor de Deus e reconheça o seu enviado. Duas vezes, na ora-

---

38. As tentativas humanas de construir instituições permanentes, embora sujeitas a desenvolvimento dinâmico, não conseguem normalmente alcançar o objetivo (Gn 11,1-9).

39. Na frase: "Dei-lhe (*dédōka*) a glória que me destes" o verbo grego está no tempo perfeito, indicando que se trata de um dom feito no passado que permanece no presente e no futuro.

ção, Jesus manifesta este anseio: "Para que o mundo creia que tu me enviaste" (v. 21c) e "para que o mundo conheça que tu me enviaste e que os amaste com o amor com que me amaste" (v. 23c). A conversão do mundo incrédulo, mas desde sempre amado por Deus, é o objetivo principal da missão de Jesus e deve representar também o fito da obra evangelizadora dos fiéis.

Trata-se de existir e de proceder de modo diferente dos modelos corriqueiros oferecidos pela sociedade terrena, vivendo na abnegação e no desprendimento, na consciência de que somente dessa forma a comunidade cristã se torna um pequeno sinal do mistério da bondade divina que a sobrepuja. Essa atitude deveria estimular os que não têm fé a aproximarem-se de Deus, que é amor e não faz acepção de pessoa: "Nisso conhecerão todos que sois meus discípulos, se tiverdes amor uns pelos outros" (13,35). Com efeito, ninguém pode desmentir que a bondade, a atenção pelos outros, a existência vivida em harmonia, conquistam o coração humano, independentemente da filosofia de vida e dos valores que caracterizam a existência de cada ser.

Considerando o anseio da salvação da humanidade que anima a vida de Jesus, manifestado na oração, a expressão: "Por eles eu rogo, não rogo pelo mundo" (17,9), não pode ser interpretada como recusa a rezar pelo mundo, como se já fosse condenado e sem esperança de resgate, de acordo com a perspectiva negativa com que o evangelista o apresenta em alguns trechos da sua narrativa.

No texto, a atenção está focada nos discípulos e a oração é feita por eles. Jesus não se interessa diretamente pelo mundo, nem intervém, nesse momento, a seu respeito. O caminho da salvação está aberto também para os incrédulos; depende do testemunho dos discípulos e da qualidade de sua vida. São eles, aos quais Jesus manifestou o nome do Pai (v. 6), que devem auxiliar os que vivem longe de Deus a compreenderem quem é Jesus e que o Pai é amor para com todos (vv. 17-19; 12,47). Trata-se de uma grande responsabilidade. Apesar do clima de perseguição em que se desenvolve a vida da comunidade, Jesus promete: "Se guardarem minha palavra, também guardarão a vossa" (15,20).

3.2. Motivos da oração pela unidade

A razão pela qual os discípulos de Jesus e os seus sucessores são chamados a serem "um" tanto na fé como nas orientações básicas da vida moral, apesar das variedades de culturas e de línguas, é, em primeiro lugar, teológico. A Igreja, por vontade de Deus, foi constituída para ser no mundo a imagem da união entre o Pai e o Filho, embora pálida e sempre insatisfatória. Nela, começa a se realizar, de forma nova, a reunificação do povo de Deus, anunciada no Antigo Testamento (Ez 34,11-16; Is 2,1-5)[40].

Há também causas históricas que impulsionaram o quarto evangelista a destacar a importância da unidade dos fiéis. R. Brown supõe que os personagens que, no relato, progressivamente chegam à fé representem os diferentes grupos de cristãos convertidos que vêm constituindo aos poucos a comunidade joanina, conhecida, na antiguidade, por sua perspicácia e capacidade interpretativa da pessoa de Jesus[41]. Trata-se de grupos bastante heterogêneos. Nela convergem discípulos do Batista (Jo 1,35), hebreus que se opõem ao Templo (2,13-22), expoentes do judaísmo ortodoxo, representados por Nicodemos (3,1-12), samaritanos (4,1-42), galileus que Jesus visita durante o seu ministério público na segunda Páscoa (4,46-54), e membros que vêm do paganismo, desejando conhecer Jesus e tornar-se seus discípulos (12,20-21).

A variedade dos membros explica a riqueza e a fecundidade teológica da comunidade e também a necessidade da união. Pode-se acrescentar que foram provavelmente os integrantes do grupo samaritano que conseguiram superar a interpretação de Jesus ligada ao messianismo davídico que se encontra nos sinóticos, objeto de possíveis equívocos, à luz da promessa do "profeta semelhante a Moisés" (1,21; 7,40; cf. At 3,22-23; 7,37), referida a Jesus e característica da tradição deuteronomística (Dt 18,15.18). O fato de Moisés ser aquele com o qual Deus fala "face a face, como um homem fala com o seu amigo" (Ex 33,11), "boca a boca, claramente e não em enigmas" (Nm 12,8), o "homem de confiança" de Deus (Nm 12,7), pode ter estimulado a comunidade joanina a entender melhor a identidade de Jesus e sua relação de familiaridade com o Pai.

Considerando esse quadro bastante articulado e compósito das pessoas que constituem a comunidade joanina, é possível imaginar as tensões e os desentendimentos, devidos a mentalidades e hábitos diferentes, que se verificaram, pelo menos no começo da formação da Igreja. A unidade, almejada por Jesus, deve ter representado um objetivo difícil de ser alcançado pelo grupo

---

40. Paulo reconhece que, pelo sangue da cruz, Jesus reconciliou para si todos os seres (Cl 1,20), fazendo de judeus e pagãos "um só homem novo, estabelecendo a paz" (Ef 2,14-15), a fim de que todos alcancem a unidade da fé e do pleno conhecimento do Filho de Deus (4,13). Também Lucas realça a importância da união, tanto espiritual como material, entre os membros das suas comunidades (At 2,42-47; 4,32-35), evidenciando as ligações de afeto e de colaboração entre as Igrejas recém-formadas e a comunidade-mãe de Jerusalém (At 8,14; 11,22-23). No evangelho de Marcos, as referências à unidade são poucas. Mateus usa o termo específico de "Igreja" que significa convocação dos fiéis (Mt 16,18; 18,17).
41. BROWN, R. E., *La comunità del discepolo prediletto. Luci e ombre nella vita di una chiesa al tempo del Nuovo Testamento*, Assisi, Cittadella, 1982, 31-36.94-103.

Capítulo 3. AMAR

dos fiéis ao redor do discípulo amado. Explica-se, dessa forma, a exortação repetida ao amor recíproco e à unidade, específica da narrativa. Com efeito, nada pode manter unidos os seres humanos, nem o mútuo proveito, nem a promoção de interesses comuns, nem o medo de perigos iminentes; somente o amor e respeito recíproco, a beleza de viver juntos, no desinteresse pessoal e na alegria de ajudar os mais necessitados, constitui a base de uma união estável.

3.3. A caminho para a unidade escatológica

No quarto evangelho não se encontram perigos de cisma, porque o problema mais grave é a recusa dos judeus a reconhecer na pessoa divina de Jesus o Messias e o Senhor. O perigo de cisma verifica-se nas cartas. De fato, com o espalhar-se da ideologia da gnose, alguns dos membros da comunidade afastaram-se dela, criando as primeiras divisões. O autor lamenta: "Eles saíram de entre nós, mas não eram dos nossos. Se tivessem sido dos nossos teriam permanecido conosco" (1Jo 2,19), afirmando que a mera presença material de pessoas conhecidas nas assembleias litúrgicas não significa partilhar da mesma fé e da mesma ética.

Desde o começo, então, na comunidade joanina não se realizou o projeto de unidade, expresso insistentemente por Jesus. A divisão entre cristãos continuou no decorrer do tempo e se manifestou de modo crítico no processo de autonomia étnica e cultural dos povos, no qual aconteceram lacerações religiosas profundas, desfigurando o desígnio de Deus. Ao lado das Igrejas do primado pontifício, formaram-se as Igrejas autocéfalas, as Igrejas separadas, as Igrejas do protesto, as Igrejas nacionais em oposição à Igreja universal. Em tempos recentes, assistiu-se ao esfarelamento das seitas que se multiplicaram de forma impressionante, sem levar em conta critérios de verdade, mas apenas interesses financeiros ou situações de rivalidade. Faltou a capacidade de distinguir entre unidade do culto e diversidade das culturas; aliás identificou a legítima diversidade das culturas com a negação da unidade do culto e da fé, confundindo Cefas – a pedra da Igreja, sustentada pela "pedra angular" que é Jesus – com Roma (Mt 16,18; 21,42). Prejudicou-se, assim, a comunhão dos cristãos no Espírito Santo e tornou-se menos visível no mundo o sinal do mistério do único Reino de Deus[42].

Levanta-se a questão: frustrou-se, dessa forma, uma das dimensões básicas do projeto de Deus relativo à comunidade dos fiéis? Jesus conhecia a fra-

---

42. Cf. ROSSI DE GASPERIS, F.; CARFAGNA, A., *Prendi il libro e mangia*, v. II, *Dai Giudici alla fine del Regno*, Bologna, Dehoniane, 1999, 190-191.

gilidade do ser humano e seu pecado (Jo 2,24-25) e sabia que a unidade na fé e nos costumes, no respeito do pluralismo, era difícil de se realizar. Por isso, pede insistentemente ao Pai que a comunidade dos fiéis fique unida.

O anseio de que todos sejam um "como tu, Pai, estás em mim e eu em ti; que eles estejam em nós" não fracassou. A unidade perfeita vai se verificar no final dos tempos, quando todas as mediações forem superadas, como Jesus realça na alegoria do Bom pastor, afirmando que "haverá um só rebanho e um só pastor", apontando para a dimensão escatológica. Com efeito, a unidade dos filhos de Deus pode ser somente a consequência da comunicação da plenitude da vida divina aos seres humanos e acontecer quando Deus será tudo em todos. Só assim realizar-se-á a unidade desejada por Jesus, levando ao cumprimento o desígnio salvífico do Pai que abraça a humanidade toda. De fato, "ser um" é o modo de existir próprio do Pai e do Filho (10,30). É evidente que essa perspectiva não deve enfraquecer o diálogo ecumênico entre os cristãos e as outras religiões, na consciência de que todos somos criaturas de Deus, amados por ele, chamados a conhecer o seu projeto redentor e destinados a participar da mesma glória.

No momento final, todos os seres sobre os quais Jesus exerceu o seu poder de salvação (17,2), formarão um único corpo e poderão "ver a glória" que o Pai deu a Jesus, cuja vontade se manifestou na oração antes da paixão, dizendo: "Quero que, onde eu estou, também eles estejam comigo" (v. 24).

Capítulo 4
PERMANECER

"Permanecer" é uma realidade pouco valorizada na nossa sociedade em que tudo é movimento e está sob o sinal da provisoriedade. Trabalhos, hábitos, valores, seguranças passam rapidamente para dar espaço ao que aparentemente se chama de "novo", mas que também é destinado a passar. A necessidade de estabilidade, entretanto, é fundamental para que o ser humano possa realizar-se no tempo, ficando fiel a si mesmo, sem arriscar um fracasso existencial.

No quarto evangelho insiste-se na necessidade de permanecer com Jesus e em Jesus. A frase não significa simplesmente segui-lo (Jo 8,12) ou confiar nele (8,31), mas viver em estreita comunhão com ele, orientar constantemente a existência à luz do evangelho, reconhecê-lo como o firme alicerce da vida nos momentos de obscuridade e de alegria, porque sua palavra é verdadeira e não engana. Por isso, é necessária uma aproximação sempre maior à sua pessoa, uma crescente assimilação da sua mensagem, através de um processo que alimenta tanto o intelecto quanto o coração, esforçando-se por pensar e agir como ele pensou e agiu na sua vida pública. O objetivo acarreta uma escuta constante do Espírito e das suas moções interiores, uma capacidade de renovação contínua de si mesmo, procurando o que é melhor, à luz da revelação do evangelho.

Trata-se de uma experiência que continua no tempo, de um dom imerecido que deve ser recebido com gratidão e humildade, o qual, gradativamente, transforma sentimentos e ações, sendo a consequência do permanecer de Jesus no cristão, de acordo com a sua promessa.

1. Cristo permanece para sempre

Ciente da sua morte iminente, Jesus declara: "É chegada a hora em que será glorificado o Filho do homem" (12,23), identificando-se com esta figura veterotestamentária, bastante misteriosa, e acrescentando que, com a entrega da sua vida, atrairá todos a si (v. 32). O povo não entende a palavra de Jesus, porque o personagem do Filho do homem é pouco popular[1]. Por isso, protesta dizendo: "Quem é este Filho do homem"? (v. 34).

Sem esperar a resposta de Jesus, os que o rodeiam associam espontaneamente a figura do Filho do homem com a figura do Messias, levando em conta que Jesus foi reconhecido como tal durante o seu ministério público (1,41; 7,41). De fato, a multidão reage afirmando: "Sabemos pela Lei que o Cristo permanece para sempre". Descarta, então, que Jesus possa ser o Messias, porque o anúncio da sua próxima morte (12,32), é incompatível com a ideia que o povo hebraico tinha do Ungido de Deus, anunciado pelos profetas. Era, pois, persuasão comum de que o filho de Davi reinasse para sempre por meio dos seus descendentes (Is 9,7; Sl 89,37), ou, segundo outra formulação da esperança judaica, que o Messias viesse de junto de Deus e, após ter realizado prodígios em favor do povo, exercesse seu governo para sempre. Em ambas as perspectivas não havia lugar para a morte[2]. Por isso o povo objeta com vigor: "Como dizes: é preciso que o Filho do homem seja elevado"?

A multidão não entende que Jesus, passando pela provação da cruz, se revela realmente como o Messias que vive para sempre. Com efeito, a morte de Jesus e sua ascensão são associadas no mesmo movimento, como ele afirma: "Quando eu for elevado da terra atrairei todos a mim", porque o verbo "elevar" indica tanto a morte do crucificado, que acontece por levantamento do chão, como a sua elevação ao céu e a sua glorificação. Para Jesus verifica-se, então, que a humilhação da cruz é aniquilação total, mas, ao mesmo tempo, glorificação e exaltação junto de Deus. É sinal de vitória, não de derrota, é a condição da superação da morte para entrar na glória e, assim, permanecer para sempre, de acordo com as palavras da multidão. Com efeito, "na cruz, Jesus realiza a extrema expropriação do viver e do querer autônomos; mas neste rebaixamento voluntário alcança a perfeita unidade com o Pai, de onde emerge a identidade originária da condição divina"[3]. Por isso Jesus, derrotando a morte de forma definitiva, se revela como Senhor da vida, confirmando que

---

1. A expressão "Filho do homem", com a qual Jesus se autodesigna, aponta para o personagem que vem com as nuvens do céu e se aproxima do Ancião dos dias, recebendo dele um reino que nunca será destruído (Dn 7,13-14). Trata-se de uma figura corporativa que representa o povo dos santos do Altíssimo (vv. 25.27). Em alguns textos, indica também o ser humano como tal (Sl 8,5; Ez 2,1.8; 3,1).
2. DODD, C. H., *Interpretação*, 126-129.
3. RIZZI, A., *Cristo verità dell'uomo. Saggio di cristologia fenomenologica*, Roma, AVE, 1972, 209-211.

Capítulo 4. PERMANECER

"o Cristo permanece para sempre". De fato, é "o mesmo, ontem e hoje e para a eternidade" (Hb 13,8), o barco seguro, por meio do qual é possível evitar o naufrágio da vida, a luz resplandecente que não muda, a coluna inabalável, o Alfa e o Ômega, o Princípio e o Fim (Ap 21,6).

Jesus não procura esclarecer o mal-entendido da multidão, nem explicar quem é o Filho do homem. O que lhe interessa é o proveito dos seus seguidores. Por isso, logo em seguida, indica qual deve ser o modo de proceder dos que o interpelam, porque a luz, que ele representa, continua iluminando ainda por pouco tempo.

É interessante notar que na mesma cena em que a multidão rejeita que o Messias, elevado da terra, possa morrer, Jesus afirma que o seu permanecer depende do seu sacrifício (Jo 12,24), porque "se o grão de trigo que cai na terra não morrer permanecerá só; mas se morrer, produzirá muito fruto". O mesmo verbo "permanecer", usado pelo povo em relação ao Messias, está relacionado com a morte do grão de trigo, com o qual Jesus se identifica, realçando que da morte procede a vida, que do dom sem limite vem o fruto, embora a palavra não seja facilmente compreendida por parte dos seus ouvintes[4].

A morte de Jesus não pode, então, prejudicar sua identidade messiânica, porque nele permanece o Pai, realizando as suas obras (14,10), assim como o Espírito a partir do batismo (1,32-33).

2. Permanecer com Jesus

Dois discípulos, que pertencem à fileira do Batista, escutam a palavra do mestre que diz: "Eis o Cordeiro de Deus", qualificando Jesus como o servo sofredor do qual fala Isaías (Is 53,1-12). Estimulados por ela, vão atrás de Jesus. Não buscam novidade. Perguntando: "Rabi, onde estás permanecendo?" – impropriamente traduzido: "Onde habitas?" – não procuram saber qual é o domicílio de Jesus, mas conhecer quem ele é verdadeiramente. Obedecendo ao convite: "Vinde e vereis", eles foram, viram, permaneceram com ele (*par'autô*) o dia todo. A sequência dos verbos indica as etapas de uma experiência que se torna significativa, porque dá uma nova orientação à existência. Por isso, é indispensável pôr-se a caminho, sair da situação costumeira; em seguida, ver, observar, dar-se conta, e depois permanecer com Jesus o tempo necessário para entrar em sua intimidade.

---

4. A comparação com o grão de trigo, referida a Jesus, deve ser aplicada também ao fiel (12,25), de acordo com a tradição sinótica (Mc 8,34; Mt 10,38-39; 16,24; Lc 14,27).

Ainda não sabem que Jesus "está permanecendo" junto do Pai, pois ali é a sua verdadeira habitação. Será preciso de um prazo bastante comprido para entender algo da sua relação íntima com Deus, descobrindo, assim, onde Jesus efetivamente mora. Por isso, no convite de Jesus, o verbo está no futuro: "Vinde e vereis". Não é questão de um encontro; toda a existência é necessária para vislumbrar o mistério da sua pessoa. O primeiro encontro deixa, contudo, sua marca no coração dos discípulos, os quais logo manifestam a urgência de partilhar a experiência feita. André, um dos dois, comunica ao seu irmão Pedro: "Encontramos o Messias" e o conduz a Jesus (Jo 1,35-42).

O permanecer físico junto de Jesus produz fruto. Por isso, em várias ocasiões, o próprio Jesus permanece com os que querem conhecê-lo mais profundamente, procurando o bem do seu povo (2,12; 4,40; 7,9; 11,6)[5]. Nos discursos após a ceia, porém, realça-se a necessidade de um avanço; o encontro ocasional com ele, embora proveitoso, deve tornar-se comunhão sempre mais íntima, com o desejo de conformar-se gradativamente ao seu modo de viver e de proceder. Por isso, pede aos discípulos não somente para ficar "com ele", mas para permanecer "nele".

3. Permanecer em Jesus e produzir fruto

O convite de Jesus: "Permanecei em mim (*en emoí*) e eu em vós (*en hymín*)", encontra-se na alegoria da videira e os ramos (15,4)[6], caracterizando toda a perícope (vv. 5.6.7.9.10), porque ser discípulo corresponde a viver em familiaridade com Jesus, experimentar sua amizade e sua presença nas vicissitudes da vida, sabendo que ele permanece para sempre e auxilia constantemente os seus fiéis. Trata-se de um permanecer recíproco, porque também Jesus glorificado permanece no cristão, agindo na existência dele, proporcionando-lhe luz e esperança. Estabelece-se, assim, um vínculo estreito entre Jesus e o fiel. A relação não é paritária, porque o discípulo pode permanecer em Jesus *pelo fato* de Jesus permanecer nele, pois o ramo depende totalmente do tronco que lhe dá vida (v. 4b).

Do apelo direto, feito aos discípulos: "Permanecei em mim e eu em vós", Jesus passa a um convite mais generalizado: "Aquele que permanece em mim

---

5. Na narrativa joanina, Jesus permanece também longe das multidões por motivos de prudência por causa da perseguição dos adversários (Jo 10,40; 11,54).

6. João usa o termo *ámpelos* que indica a planta da videira, não a palavra *ampelón* que se refere ao vinhedo.

Capítulo 4. PERMANECER

e eu nele traz muito fruto" (15,5), solicitando todos a permanecerem nele, produzindo fruto. Isso verifica-se vivendo em sintonia com ele, na fidelidade e no amor. De fato, como o ramo, recebendo o alimento do tronco com o qual está unido, se desenvolve e produz fruto, da mesma forma o ser humano recebe vida e pode fazer grandes coisas à medida que vive em comunhão com Jesus, deixando que a mesma seiva vital o anime e o transforme[7].

A expressão negativa "sem mim, nada podeis fazer" (v. 5c) reforça a afirmação anterior, salientando que somente deixando-se conduzir por Jesus, é possível contribuir para o avanço do projeto de Deus no mundo. Sem isso, o fiel não pode fazer nada de válido, absolutamente nada, pois torna-se semelhante a um ramo seco, destinado a ser lançado ao fogo e queimado[8]. Autocondena-se, assim, à esterilidade, embora continue vivendo fisicamente com a etiqueta de seguidor de Jesus.

A imagem do fogo é muito realista, porque a madeira da videira, não podendo ser reutilizada, não serve para nada e é inevitavelmente queimada (Ez 15,6). A afirmação não significa, então, que quem tomou distância de Jesus é condenado[9], porque a finalidade do relato é destacar que o fruto em ordem à realização do plano de Deus é possível só permanecendo em Jesus. O discurso não é genérico, porque, no texto, a atenção é fixada sobre "cada" ramo (*pán klêma*), mostrando o cuidado de Jesus para que a vida de cada pessoa não seja infrutífera.

3.1. Permanecer nas palavras de Jesus

Permanecer em Jesus está relacionado com o permanecer das palavras (*rhémata*, 15,7) de Jesus no cristão. Trata-se do ensinamento comunicado aos discípulos, em força do qual eles estão puros (v. 3)[10]. A palavra tem, pois, um poder perene de renovação porque opera em cada ser que se aproxima de Jesus, manifestando sua eficácia, como reconhecem os profetas (Is 40,8). Com efeito, na obra joanina, a palavra é normalmente apresentada como sujeito ativo que dá força aos membros da comunidade, proporcionando-lhes a vitória sobre o

---

7. Jesus reitera o que afirmou na sinagoga de Cafarnaum: "Quem come a minha carne e bebe meu sangue permanece em mim e eu nele" (6,56); na frase, os verbos de manducação referem-se em primeiro lugar à necessidade de ter fé.
8. A situação é apresentada como um caso hipotético: "Se alguém não permanece em mim é lançado fora e seca".
9. Com a morte libertadora de Jesus, o príncipe deste mundo é lançado fora (12,31).
10. No v. 3, o termo "palavra" (*lógos*) está no singular.

Maligno (1Jo 2,14c). Junto com o Espírito, torna-se "unção" interior, que o fiel recebe a partir da catequese batismal (1Jo 2,24.27-28), permitindo-lhe viver numa relação sempre mais íntima com Jesus. Por isso, no texto, realça-se que é a palavra que permanece no cristão, não vice-versa. Com o detalhe, insiste-se no fato de que, por meio do seu ensino, Jesus é quem toma a iniciativa de renovar a vida do discípulo, unindo-o a si, exigindo, contudo, que ele se empenhe para viver de acordo com o evangelho, sem reivindicar uma autonomia mal-entendida, que descuida da sua identidade verdadeira, aberta para o transcendente.

3.2. Permanecer no amor

Na segunda parte da perícope, Jesus destaca que a seiva vital que alimenta o tronco e os ramos é o amor (15,9-17). O convite de permanecer em Jesus conjuga-se com o apelo a permanecer no seu amor, afirmando que o amor do cristão por Jesus é a consequência do amor que Jesus tem por ele. Aliás, o amor do fiel depende do amor que o Pai tem por Jesus e que Jesus comunica aos discípulos, multiplicando suas capacidades de realização: "Assim como o Pai me amou também eu vos amei. Permanecei em meu amor" (v. 9). Trata-se de tomar consciência de uma realidade doada gratuitamente ao discípulo, que germina no seu coração. Como foi dito, longe de consistir em emoções passageiras, acarreta a necessidade de dar uma resposta fidedigna a Jesus, vivendo de acordo com a revelação que ele trouxe ao mundo e entregando a vida pelos outros, pois só dessa forma se realiza a vocação cristã.

A tarefa de quem entrou em contato com Jesus e se tornou discípulo é, então, "acolher, imitar e prolongar a comunhão que une o Pai ao Filho e que historicamente se manifesta no amor de Jesus pelos discípulos"[11]. É mister viver na atmosfera da Aliança que representa o pano de fundo do pedido de Jesus de permanecer em seu amor, de acordo com as palavras dos profetas: "Porei a minha lei no seu interior e a escreverei no seu coração; e eu serei o seu Deus, e eles serão o meu povo" (Jr 31,33). Longe de significar a repetição monótona de atitudes rotineiras, implica um crescimento dinâmico e progressivo, uma capacidade criativa contínua[12]. Dessa forma, as pessoas tornam-se mais sensíveis à graça de Deus e mais humanas.

---

11. MAGGIONI, B., *O Evangelho de João*, 432.
12. Lucas afirma que os primeiros cristãos "eram assíduos (*proskarterein*) ao ensinamento dos apóstolos, à comunhão fraterna, à fração do pão e às orações" (At 2,42).

Capítulo 4. PERMANECER

3.3. A ação do Pai

Nessa obra de frutificação da videira, tem uma função particular o Pai, que aparece na narrativa sob a figura do vinhateiro, que zela pelo progresso da vinha. Com sua ação providente, corta o ramo que não produz fruto, embora aparentemente enxertado na planta, e o poda para que produza mais fruto ainda (15,2c). As operações necessárias no cultivo de todo vinhedo são aqui referidas à comunidade cristã, pois "tirar" (*aírein*) os galhos improdutivos não é um termo agrícola, como tampouco o verbo "purificar" (*kathaírein*) para indicar a poda[13]. Referem-se à purificação interior dos fiéis por meio da palavra de Jesus (v. 3), que é a palavra do Pai, pois "as palavras que me deste eu as dei a eles" (17,8; cf. 14,10).

O Pai intervém, outrossim, em "lançar fora" os ramos infrutíferos que são recolhidos, lançados ao fogo[14]. A frase aponta para as primeiras heresias que acontecem na comunidade cristã, das quais devem ser preservados os membros sadios. No trecho, o Pai não tem somente uma função purificadora com o intuito de que a videira produza um fruto sempre maior. É também a fonte do amor que, por meio de Jesus, atinge os fiéis, unidos ao tronco, e os transforma incessantemente (v. 9), promovendo o reconhecimento da dignidade de cada ser e favorecendo a mútua aceitação. O amor que vem do Pai é a energia básica que faz prosperar a videira, fazendo-a frutificar.

Esses pormenores destacam que, no quarto evangelho, a comunidade cristã tem suas raízes no mistério de Deus e não somente em Jesus que reuniu ao redor de si os primeiros discípulos. É sustentada pelo Pai e pelo Filho e animada pelo Espírito Santo. A visão joanina da Igreja é, pois, teocêntrica e não apenas cristocêntrica, consequência da estreita relação entre Jesus e o Pai, realçada ao longo de todo o evangelho.

É por causa dessa ação conjunta do Pai e do Filho, que a comunidade cristã pode trazer benefícios para a humanidade inteira. Com efeito, no Antigo Testamento, a videira que corresponde ao povo de Israel, apesar das contínuas atenções de Deus, nunca produziu frutos; aliás, em lugar do direito, multiplicaram-se as transgressões, em lugar da justiça, apareceram iniquidades e crimes (Is 5,7)[15]. Somente com Jesus, que sempre ficou fiel ao Pai, a situação

---

13. Na Septuaginta, o verbo "purificar" (*kathaírein*), encontra-se, às vezes, para indicar a segunda poda, que acontecia pouco antes da colheita, tirando os ramos secos que podiam prejudicar os que produziam fruto, depois de outra, mais radical, feita no fevereiro.
14. O verbo no passivo, dito teológico, "é lançado fora", indica a ação do Pai.
15. Deus lamenta: "Eu te plantara como uma vinha excelente, toda de cepas legítimas. Como te transformaste para mim em ramos degenerados de uma vinha bastarda? Ainda que te laves

muda[16], e cumpre-se o desejo de Deus, expresso nas Escrituras[17]. Ele é a videira autêntica que realiza o que não foi possível na história veterotestamentária.

4. Permanecer em Deus e a perfeição do amor

No evangelho, permanecer no amor corresponde ao recíproco permanecer do fiel em Jesus e de Jesus no fiel, enquanto na primeira carta permanecer no amor está relacionado com o mútuo permanecer de Deus no cristão e do cristão em Deus: "Deus é amor; aquele que permanece no amor permanece em Deus e Deus nele" (1Jo 4,16-17a). As formulações são perfeitamente compatíveis, porque Jesus é o Unigênito do Pai e nele "permanece" o próprio Pai (Jo 14,10). Amando com todas suas energias, de acordo com a graça recebida, o ser humano vive em comunhão tanto com Jesus como com Deus Pai, fonte e fito de todo amor.

Na carta, há, porém, um pormenor a mais: a comunhão com Deus está relacionada com a "perfeição" do amor. De fato, após ter falado da mútua relação entre Deus e o fiel, o autor acrescenta: "Nisto consiste a perfeição do amor em nós", afirmando que a constante intimidade com Deus, que opera continuamente no ser humano, faz com que quem acredita aprenda verdadeiramente a amar e o seu amor alcance o cumprimento, atingindo inteligência, coração, vontade e ação, habilitando-o a dar ao mundo um testemunho de desinteresse e de altruísmo que vai além de toda lógica humana.

É evidente que essa união transformadora acarreta a mediação de Jesus, porque a relação com Deus necessariamente acontece vivendo na familiaridade com Jesus, o Filho de Deus (1Jo 4,15)[18]. Permanecendo constantemente em Jesus, o cristão permanece, assim, em Deus e seu amor alcança a sua perfeição, embora sempre limitada por causa da fragilidade humana.

Nas interpretações corriqueiras, o pensamento do autor nem sempre é respeitado, porque se costuma relacionar a frase de 1 João 4,17: "Nisto con-

---

com salitre e aumentes para ti a potassa, a mancha de tua culpa permanecerá diante de mim oráculo do Senhor Deus" (Jr 2,21-22; cf. Ez 15,1-8; 19,10-14).

16. O processo de justaposição da videira com a pessoa de Jesus pode ter sido favorecido pelo Salmo 80,16-18, no qual a figura do filho do homem se sobrepõe à imagem da videira: "Olha do céu e vê, visita esta videira [...] Seja tua mão sobre o varão da tua destra, sobre o filho do homem, que fortificaste para ti."

17. "Naquele dia, cantai a vinha deliciosa. Eu, o Senhor, a guardo e, a cada momento, a regarei; para que ninguém lhe faça dano, de noite e de dia a guardarei", realça Isaías 27,2-3.

18. LÉON-DUFOUR, X., *Leitura*, v. II, 126-127.

Capítulo 4. PERMANECER

siste a perfeição do amor em nós", com o que se segue, isto é, com ter "plena confiança no dia do julgamento", e não com o que antecede. O defeito dessa leitura é evidente, porque o amor de Deus nunca chegaria à sua plenitude a não ser no momento final da existência e consistiria em não ter medo do Altíssimo que pronuncia sua palavra decisiva sobre cada ser humano. Excluir-se-ia a possibilidade de amar em plenitude nesta vida concreta.

A comunidade joanina afirma, ao invés, que a perfeição do amor corresponde à recíproca comunhão amorosa entre Deus e o cristão, numa relação dinâmica que vai crescendo e se desenvolvendo ao longo da existência, com reflexos efetivos na vida do dia a dia, louvando a Deus em todas as coisas, ajudando os mais necessitados e aliviando os sofrimentos de quem passa por apuros e dificuldades. A plena confiança no dia em que Deus julgará os vivos e os mortos é, portanto, a consequência do amor alcançado durante a existência terrena. Com efeito, "o perfeito amor lança fora o temor, porque o temor implica um castigo e o que teme não é perfeito no amor" (v. 18). O encontro com Deus é considerado pelo fiel com grande serenidade, pois reconhece nele a figura do Pai e não tanto a do juiz. A própria psicologia da pessoa fica modificada. Vivendo em contato íntimo com Deus, doando-se generosamente ao próximo, o cristão supera todo medo, sabendo que Deus é seu amigo e que o julgamento será de perdão e misericórdia.

Nota-se que, na primeira carta, a perfeição do amor corresponde a uma vida de proximidade com Deus, sem excluir as provações que sempre acompanham o ser humano na história, enquanto, no evangelho, o ápice do amor consiste em dar a vida por seus amigos, até o sacrifício de si mesmo, como fez Jesus (Jo 15,13). Evidentemente as duas perspectivas estão em continuidade, pois ambas se completam reciprocamente. Com efeito, à medida que o cristão vive em relação com Deus, encontra em si a força de fazer da sua existência uma oblação plena, como reconhece o autor da primeira carta dizendo: "Nisto conhecemos o amor: que ele deu a sua vida por nós e nós também devemos dar as nossas vidas pelos irmãos" (1Jo 3,16)[19].

---

19. A expressão tem um leque de interpretações bastante amplo e nem sempre deve ser entendida no sentido do sacrifício da existência. Os mártires são um exemplo mais elevado da realização dessa palavra.

5. Consequências do permanecer em Jesus

Os frutos de quem procura viver em comunhão com Jesus ressuscitado dependem, em primeiro lugar, de Deus que ilumina e fortalece o cristão, mas também da sua colaboração. É dessa forma que a vida se torna mais serena e jubilosa.

5.1. Não pecar

Permanecer em Jesus está relacionado com uma vida livre do pecado: "Todo aquele que permanece nele não peca", afirma o autor da primeira carta, pois: "Todo aquele que peca não o viu nem o conheceu" (1Jo 3,6). Com efeito, a revelação de Jesus mostra quais são os verdadeiros valores que a razão, enfraquecida pela concupiscência, nem sempre sabe indicar com clareza ao ser humano, e ao mesmo tempo dá-lhe a força para colocá-los em prática. O pecado alimenta-se com o prazer de viver fora da lei de Deus, da *Torah* e da boa nova do evangelho, experimentando o fascínio de praticar a injustiça e a iniquidade, aceitando a ilegalidade, colocando os pressupostos para uma progressiva degradação do ser humano, pois: "Todo o que comete pecado comete também iniquidade, porque o pecado é a iniquidade" (*anomía*, v. 4).

A expressão tem valor universal e denuncia a atração que, no mundo, o mal exerce sobre a liberdade humana, embora o autor se refira, de forma particular, aos desvios provocados pela heresia da gnose, cujos expoentes afirmavam que qualquer transgressão não contaminava o espírito, aliás, era um meio para conhecer melhor o mal e, desse modo, apreciar mais o bem.

Afirmando que "aquele que comete o pecado é do diabo", o qual é "pecador desde o princípio" (v. 8), atesta que o pecado não é algo fútil e de insignificante, uma simples infração de uma norma preestabelecida, mas tem em si algo demoníaco, porque é um ato que ofende e desfigura o próprio ser humano, prejudicando a vida da sociedade na qual está incorporado. Consiste, de fato, em cair nas armadilhas da serpente antiga, que é mentirosa, porque banaliza o mandamento de Deus e põe no coração de Adão o desejo de tornar-se como Deus, acabando com toda dependência, colocando-se no centro do universo como único senhor, sem dever prestar conta a ninguém. É deste pecado básico e radical que procedem todos os outros pecados pessoais, que determinam o trágico estado de corrupção em que se encontra o ser humano.

O autor multiplica as expressões para qualificar os que descaminham os fiéis da sua comunidade, atraindo-os com falsas filosofias, dizendo que são "filhos do diabo" (3,10), "do Maligno" (v. 12), "do mundo" (4,5), assim como

Capítulo 4. PERMANECER

quem comete o pecado é "do diabo" (3,8). Nunca entraram em comunhão com Deus, nem entenderam seu plano de redenção. Por isso, opõem-se aos genuínos filhos de Deus. As expressões bastante violentas justificam-se pelo momento delicado que a comunidade joanina está vivendo. Ora, Jesus veio para "tirar os pecados" (v. 5), para "destruir as obras do diabo" (v. 8), isto é, para aniquilá-las, renovando a história, pois "nele não há pecado" e, em virtude dele, é possível começar uma existência nova. Por isso, quem vive no horizonte da salvação realizada por Jesus e permanece nele "purifica-se a si mesmo", procurando afastar-se do fermento do mal e produzir frutos de bondade.

Não peca, porque "nasceu de Deus" e é sustentado pela força que vem do alto (3,9; 5,18), que o ajuda na luta contra os instintos turbulentos que existem no coração humano. Isso depende de uma "semente" nova – a semente de Deus – que "permanece nele" (3,9), a qual, com toda probabilidade, se identifica com o próprio Jesus (Gl 3,16), gerado pelo Pai, contra o qual o Maligno nada pode (Jo 14,30)[20], ou com a palavra, ouvida "desde o início" na catequese batismal, que, como um bálsamo, entrou no coração do fiel, transformando-o (1Jo 2,20.27). Por isso, o cristão tem a força para se manter puro diante dos perigos da existência terrena, mostrando-se, de verdade, gerado por Deus.

5.2. Oração eficaz

No relato da videira e os ramos lê-se: "Se permanecerdes em mim e minhas palavras permanecerem em vós, pedi o que quiserdes e vos será concedido" (Jo 15,7). Permanecer em Jesus está relacionado com a eficácia da oração, dando ao pedinte a certeza de que há um amigo fiel, no qual é possível confiar, que se prontificará para escutar os seus rogos. Trata-se de uma palavra que dá ânimo diante dos graves problemas da existência.

A frase não deve ser interpretada superficialmente. A oração é atendida à medida que o fiel permanece em Jesus e as palavras de Jesus permanecem nele. Portanto, é necessário que a oração brote de uma situação de plena comunhão com Jesus, o que implica fidelidade, superação das tentações e um sério amadurecimento na vida cristã. A expressão "o que quiserdes" parece não colocar limites ao que se pode pedir, não sendo especificado o objeto da oração. Evi-

---

20. O termo "semente" (*spérma*) é usado no Novo Testamento normalmente a respeito da descendência humana (Jo 7,42; 8,33.37).

dentemente devem ser excluídos os pedidos fúteis que podem satisfazer necessidades imediatas, sem corresponder ao verdadeiro bem do fiel[21].

Considerando o contexto da frase, o que o cristão deve pedir ao Pai é, em primeiro lugar, que a videira produza fruto. O Pai possibilita esse resultado, como indica o verbo no passivo, "ser-vos-á concedido", porque é ele que corta os ramos secos e poda a videira para que possa florescer e produzir mais fruto ainda. Sem excluir objetivos pessoais (15,16; 1Jo 3,22; 5,14), o horizonte da oração do fiel, então, deve ser amplo e universal, levando em conta as necessidades da Igreja e do mundo. Acima de tudo, deve se desejar que se faça a vontade de Deus – que é sempre vontade de amor –, que se realize o seu projeto redentor; em definitivo, que o fruto do trabalho da evangelização da comunidade se multiplique e permaneça. A genuína prece cristã não pode, pois, ignorar a dimensão missionária.

Outra finalidade da oração, indicada pelo evangelista na narrativa da videira e os ramos, é que o discípulo se torne sempre mais discípulo: "Meu Pai é glorificado quando produzis fruto e vos tornais meus discípulos" (Jo 15,8). O desejo de seguir a Jesus e procurar viver na sua intimidade deve se fortalecer por meio de uma vida ativa e perseverante, capaz de compreender a realidade. É essa firmeza e crescimento interior de cada fiel, desejados por Jesus, que devem ser objeto dos rogos cotidianos. Somente desse modo formam-se cristãos robustos, prontos para superar os desafios constantes que se encontram na instabilidade deste mundo.

O objetivo último das preces, presente no relato, consiste no fato de que o Pai seja glorificado (v. 8a). Isso corresponde a reconhecer que o mundo é amado por Deus (3,16), que nada acontece por acaso, que há uma providência divina que rege o universo. Por essa razão, o fiel está seguro de que, também na sua vida pessoal, tudo acontecerá para o seu bem; por isso louva e glorifica a Deus.

Igualmente em outros trechos do evangelho, Jesus realça que a finalidade da prece deve ser o avanço da missão e a glorificação do Pai: "O que pedirdes em meu nome fá-lo-ei, a fim de que o Pai seja glorificado no Filho. Se me pedirdes algo em meu nome, eu o farei" (14,13-14). Também nesses versículos, o objeto do pedido não é explicitado, mas a colocação da frase logo após a declaração de Jesus: "Quem crê fará as obras que eu faço e fará até obras maiores", realça que o anseio de Jesus é que se reze pela difusão do evangelho no mundo, pela eficácia do testemunho da comunidade, porque só dessa forma se glorifica o Pai.

---

21. Paulo escreve que nós não sabemos o que pedir como convém, mas o próprio Espírito intercede por nós com gemidos inefáveis (Rm 8,26).

Capítulo 4. PERMANECER

Jesus recomenda que a oração seja feita "em seu nome" (15,16; 16,23.24. 26), aderindo a ele com uma fé purificada, reconhecendo nele o enviado do Pai. A frase significa não apenas apoiar-se num intercessor poderoso, mas também entrar num processo de conversão pessoal, pois a oração é atendida se o fiel ingressar no fluxo de amor que vai do Pai ao Filho e do Filho ao Pai (v. 27)[22]. Com efeito, a oração é uma relação de amor[23].

À luz dessa perspectiva, entende-se que, na maioria das vezes, a prece do cristão é míope e limitada, preocupada demais com problemas pessoais e momentâneos, que Deus conhece e para os quais ele mesmo deseja uma saída. Para ser mais adequada ao projeto salvífico de Deus, pelo menos em determinadas situações, o orante deveria levantar voo, elevando-se do solo, e contemplar as inúmeras necessidades das pessoas, pedindo que o Espírito transforme os corações e ajude os seres humanos a se reconhecerem irmãos. Jesus afirma que os discípulos até agora não pediram nada em seu nome, referindo-se, com o advérbio de tempo, ao momento da paixão (v. 24a). Farão isso após a sua glorificação, recebendo o Espírito Santo que lhes revelará plenamente a identidade de Jesus (v. 28), aumentando sua fé, seu amor (v. 27) e seu entusiasmo (v. 24b), mostrando-lhes também quais são os problemas mais sérios da época na qual vivem. Dessa forma, o autor aponta para a oração da Igreja pós-pascal, cujos frutos espirituais procedem da união estável com Jesus e do compromisso dos fiéis, chamados a trabalhar com perspicácia na vinha do Senhor[24].

5.3. Alegria completa

Deixar que o amor de Jesus se apodere do discípulo e o dirija, determina profunda alegria: "Permanecei em meu amor [...]. Eu vos digo isto para que a minha alegria (chará) esteja em vós e a vossa alegria seja plena" (15,11). A presença, na expressão, do pronome possessivo "minha" destaca que se trata da alegria que só Jesus proporciona, não outro.

---

22. LÉON-DUFOUR, X., Leitura, v. III, 184.
23. Fazendo uma comparação com a oração que, nos sinóticos, Jesus ensinou aos discípulos, nota-se que os pedidos que se encontram no evangelho de João, embora não plenamente explicitados, correspondem aos da primeira parte do "pai-nosso", nos quais se reza para que venha o Reino de Deus, seja santificado o seu nome e cumprida a sua vontade.
24. No quarto evangelho faz-se menção também à oração que Jesus dirige ao Pai, pedindo o envio do Espírito (Jo 14,16; 16,26) e a proteção dos discípulos (17,9.15.20). Nesse caso, o autor usa, com preferência, o verbo erotán, diferente do verbo aitein, empregado a respeito dos discípulos (14,13; 15,7; 16,23.26). Afirma-se também que a oração de Jesus é sempre escutada (11,22).

107

Para Jesus, a alegria consiste em realizar o plano de Deus que lhe foi entregue, em doar a sua vida até o sacrifício supremo, no amor sem limite pela humanidade necessitada de resgate (v. 13). A alegria do fiel, que vive em comunhão com Jesus, deve ser do mesmo tipo. Deve alegrar-se porque sua existência se torna mais rica de amor, mais entregue, mais disponível para se colocar ao serviço dos outros, desejosa de que o projeto redentor se realize na humanidade. Com efeito, no texto, a alegria está relacionada não somente com a necessidade de permanecer em Jesus, mas, mais especificamente, de permanecer em seu amor. Realça-se, dessa forma, que o júbilo depende da interiorização do amor que Jesus proporciona ao fiel. Quando se ama de verdade, procurando o bem dos outros, apesar dos sacrifícios, cada pessoa fica satisfeita e em paz, porque faz uma pequena experiência da realidade de Deus que é doação total e amor sem limite. À medida que esse amadurecimento interior se manifesta, a alegria do cristão torna-se sempre mais completa, constituindo sua verdadeira bem-aventurança, porque o egocentrismo e a preocupação pelos proveitos pessoais entristecem o ser humano.

A alegria que vem do seguimento de Jesus é, então, bem diferente da euforia ou do entusiasmo psicológico, muitas vezes acompanhado por barulho exterior, característico deste mundo; é algo íntimo e indizível, fruto da renovação que Jesus realizou no evento pascal. Por isso, os discípulos deveriam ficar felizes por Jesus ir para o Pai: "Se me amásseis, alegrar-vos-íeis por eu ir para o Pai" (14,28). Com efeito, a vida nova, repleta de alegria, é o resultado da missão de Jesus plenamente realizada.

Esta situação de júbilo espiritual, que é dom da benevolência de Deus, não é apagada pelas perseguições e vexações que atingem os cristãos na sua existência histórica. O choro e as lamentações, enquanto o mundo se alegra por satisfações passageiras, transformar-se-ão em alegria com a ressurreição de Jesus: "Agora estais tristes, mas eu vos verei de novo e o vosso coração se alegrará e ninguém vos tirará a vossa alegria" (16,22)[25].

A alegria, então, será estável e completa[26]; brotará no "coração" de cada pessoa que acreditou e carregou a cruz com Jesus; renovará todo o seu ser, pois, na cultura bíblica, o termo "coração" se refere ao centro da personali-

---

25. O verbo "ver" corresponde à experiência de fé dos discípulos diante do Ressuscitado que muda radicalmente sua existência. Cf. João 20,8.18.25.29.

26. O adjetivo "completa", referido à alegria, na língua grega corresponde a um particípio no tempo perfeito (*peplērōménē*). Realça que não se trata de um entusiasmo momentâneo, mas de uma situação que permanece no tempo, apesar das adversidades da vida (16,24c).

Capítulo 4. PERMANECER

dade e não, como no mundo ocidental, à sede dos afetos. Trata-se de um júbilo que vem de Deus, pois "ninguém" poderá prejudicar a serenidade interior que anima os membros da comunidade. Por isso, apesar das suas fraquezas e pecados, cresce neles a segurança de que Deus os dirige, cientes de que seu compromisso deve ser uma constante conversão.

Também na oração antes da paixão, Jesus renova o desejo de que a comunidade cristã viva e se desenvolva no regozijo: "Agora eu vou para junto de ti e digo isto no mundo, a fim de que tenham em si minha plena alegria" (17,13). Não quer cristãos tristonhos e acabrunhados, amargos e melancólicos, mas serenos e luminosos, seres que espalham a felicidade de viver, porque transfigurados pela própria fé que professam[27]. Por isso, não cansa de repetir que a alegria do cristão deve ser uma verdadeira experiência de letícia libertadora, que nasce da vitória da Páscoa, na certeza de que o pecado e a morte foram definitivamente derrotados. Com efeito, sem essa capacidade de irradiação, qualquer iniciativa de evangelização não vai conseguir atrair os outros e modificar a sua vida. O anúncio em si dificilmente contagia, embora seja feito com as técnicas mais requintadas da comunicação. Deve ser acompanhado pelo testemunho sincero, feito com serenidade e paz, e animado por uma convicção que conquista[28].

A alegria do evangelho deve, assim, encher "o coração e a vida inteira daqueles que se encontram com Jesus, de quantos se deixam salvar por ele e são libertados do pecado, da tristeza, do vazio interior, do isolamento. Com Jesus Cristo, renasce sem cessar a alegria", lembra Papa Francisco[29], destacando que o gáudio verdadeiro se identifica com a capacidade de se abrir sempre mais ao mistério de Jesus que acolhe o ser humano na sua misericórdia. "Se deixarmos que o Senhor nos arranque da nossa concha e mude a nossa vida, então poderemos realizar o que pedia Paulo: Alegrai-vos sempre no Senhor! De novo o digo: alegrai-vos!" (Fl 4,4)[30].

---

27. João Batista, em sua função de amigo do esposo, é tomado de júbilo interior ao escutar a voz do esposo (3,29-30); sua alegria é "completa", porque está presente no mundo o eleito de Deus, o esposo da humanidade, sobre o qual viu descer e permanecer o Espírito Santo. Por isso o seu desejo é que Jesus cresça e ele diminua.
28. Nas cartas joaninas, diante do perigo das heresias, destaca-se que partilhar a fé gera alegria (1Jo 1,4), assim como o saber que os membros da comunidade vivem na verdade do evangelho (3Jo 4). Também o encontro entre os fiéis suscita regozijo (2Jo 12).
29. PAPA FRANCISCO, *Evangelii Gaudium*, 1.
30. ID., *Gaudete et exultate*, 122.

5.4. Liberdade conquistada

Permanecer na palavra de Jesus desperta energias novas no cristão, permitindo-lhe conhecer "a verdade" e alcançar a verdadeira liberdade. Trata-se da exortação que Jesus faz aos judeus que inicialmente haviam acreditado nele, mas que, aos poucos, tinham perdido o entusiasmo inicial, vítimas de sua presunção: "Se permanecerdes na minha palavra, sereis, em verdade, meus discípulos e conhecereis a verdade e a verdade vos libertará" (Jo 8,31-36).

Na frase, "liberdade" está estreitamente relacionada com "verdade". Pode significar que a pessoa fica livre, se não houver nenhuma mentira na sua existência e nas suas escolhas, se for honesta consigo mesma, se procurar viver uma vida coerente com as suas convicções pessoais. Há, entretanto, outro sentido mais condizente com o texto evangélico.

"Verdade", no mundo bíblico, não significa a correspondência entre o ser e o conhecer, como realça Tomás de Aquino, o qual, com Aristóteles, afirma que "a verdade é a conformidade entre objeto e intelecto"[31]. Na Bíblia, equivale à revelação que vem de Deus, a uma palavra orientadora que permite ao ser humano caminhar de modo seguro, sem cair nas ciladas perigosas que podem prejudicar gravemente sua existência. Salienta o salmista: "Ensina-me teus caminhos, Senhor, e caminharei segundo tua verdade" (Sl 86,11), pois "teus mandamentos todos são verdade" (Sl 119,86). Mais exatamente, nos escritos joaninos, trata-se da verdade trazida por Jesus que se identifica com o que ele ouviu de Deus (Jo 8,40) e comunicou aos discípulos (14,6). Portanto, segundo o evangelista, somente deixando-se conduzir por Jesus e vivendo à luz do evangelho, é possível entrar num caminho de liberdade. Essa perspectiva não nega o legítimo desejo de fazer uma ampla experiência da realidade, para ficar com que é bom, após um sério discernimento (1Ts 5,21), sem aceitar passivamente uma bagagem de valores preestabelecida. A fé cristã exige pessoas amadurecidas que, fazendo várias opções, passaram por diversas experiências, até reconhecerem que o caminho do evangelho é o melhor, aquele que responde aos anseios profundos do ser humano e oferece valores autênticos.

Para quem chegou a esse ponto de maturidade interior, conhecer a verdade corresponde a viver deixando-se iluminar pela palavra de Jesus, repleta do Espírito que dá vida, perseverando na caminhada com constante fidelidade, sem desvios. Seu fruto é o conhecimento sempre mais íntimo dele, até chegar à certeza de que Jesus é a revelação da sabedoria do Pai (6,68). Essa atitude não ne-

---

31. TOMÁS DE AQUINO, *Suma teológica* I, q. 16, a. 1.

Capítulo 4. PERMANECER

gligencia os elementos humanos positivos que fazem parte da existência, aliás, os valoriza, vivendo uma vida plena, de acordo com o projeto de Deus[32].

Embora na literatura sapiencial se exorte: "Compra a verdade, e não a vendas; e também a sabedoria, a instrução e o entendimento" (Pr 23,23), Jesus declara que o ser humano é refratário à verdade; lamenta, de fato: "Se digo a verdade porque não acreditais em mim?" (Jo 8,45.46). Verifica-se, então, que rejeitando a verdade, as pessoas não conseguem alcançar a verdadeira liberdade, pois a liberdade genuína depende da verdade. Ao contrário, quem procura viver na verdade, aceitando a revelação do evangelho, entra numa dimensão de liberdade e de unificação interior desconhecida a quem pauta sua existência exclusivamente segundo os parâmetros deste mundo. Com efeito, "a verdade vos tornará livres".

Na diatribe, movidos pelo orgulho, os judeus afirmam serem posteridade de Abraão e jamais terem sido escravos de alguém (v. 33). Enquanto filhos de Abraão, acham que a fé no único Deus foi o elemento que sempre caracterizou sua vida religiosa e espiritual, esquecendo que, em determinados momentos da sua história, o povo hebraico prestou culto a Baal, aos astros e aos postes sagrados, corrompendo a fé (Jr 7,18; 17,1-2). Perdeu igualmente a liberdade política, tanto no Egito, como durante o exílio na Babilônia e debaixo do domínio de Roma. Sem considerar esses eventos, os interlocutores de Jesus julgam ofensivo que a verdade, que ele lhes oferece, os tornará livres, pois sempre o foram; portanto, o convite de Jesus não os tange; aliás, parece-lhes um absurdo.

Não levam em conta que a liberdade verdadeira não corresponde à liberdade política ou à liberdade de pensamento, ficando simplesmente fiéis às suas convicções religiosas nas vicissitudes da história. Alcançar a liberdade não é fácil de se conseguir, porque acarreta o desprendimento dos hábitos pecaminosos que cada pessoa traz consigo, através de um processo de discernimento e de opções renovadas. Por isso, com solenidade, Jesus declara que "quem comete o pecado é escravo do pecado" (Jo, 8,34). Não fala de pecados no plural, mas do pecado no singular, focando sua atenção na desordem básica do ser humano, da qual se originam todos os pecados pessoais. Ajuda, assim, os que o rodeiam a entenderem quem é o verdadeiro inimigo da liberdade humana[33]. A escravidão física, característica das sociedades antigas, não é a pior; é pior a

---

32. O evangelista realça a necessidade de "fazer a verdade" (Jo 3,21; 1Jo 1,6) "dar testemunho da verdade" (Jo 5,33), "andar na verdade" (2Jo 4; 3Jo 3.4; e também 2Jo 2), destacando que a revelação de Jesus deve se tornar a atmosfera habitual na qual se desenvolve a vida cristã (Jo 8,31-32; 17,17; 2Jo 1.4; 3Jo 1.3.4).

33. No Antigo Testamento, o povo está ciente do seu pecado e pede perdão, confiando na bondade do Senhor (Sl 51,1-21; Br 1,15-22; Lm 5,7-16).

escravidão espiritual, que atinge todos os seres e se perpetua no tempo, cujo artífice é o próprio diabo, que é o pai da mentira desde o Éden (8,44). Corresponde à sujeição sempre maior aos ídolos deste mundo, obrigando o ser humano a fazer o que não quer (Rm 7,15-22)[34].

De fato, a palavra "liberdade" não significa obedecer aos caprichos pessoais, pois não equivale a libertinagem. Com efeito, há uma liberdade *do* que é negativo, que prende e amarra as pessoas, e uma liberdade *para* as verdadeiras riquezas morais que edificam a existência, a saber, o amor, a caridade, o espírito de serviço, a paciência, o perdão. Faz-se mister, então, deixar de lado o que prejudica a vida e a dignidade humana, lutando contra os atrativos da concupiscência, e orientar a existência para o que, efetivamente, liberta e dá paz.

Na história bíblica, o povo de Israel está satisfeito com a fartura dos bens da terra dos quais goza no Egito, sem perceber que está vivendo "na casa da escravidão"[35]. Deseja uma escravidão mais leve, mas tem medo da verdadeira liberdade porque a sujeição ao Faraó lhe dá segurança. Prefere, então, viver num bem-estar que adormece (Ex 17,3; Nm 11,5), num estado de alienação, antes do que enfrentar o deserto, reencontrando sua dignidade de povo de Deus, libertando-se de uma cultura idolátrica que, divinizando seres humanos, animais e astros, pode prejudicar seriamente sua fé monoteísta (Ex 8,21-23). Por isso, Moisés deve lutar não somente contra o Faraó, mas também contra o seu povo recalcitrante.

Deus liberta Israel "com mão forte, e com braço estendido" (Dt 4,34; 5,15; 7,19), fazendo-o passar do domínio opressor do Faraó, para a terra prometida, onde frui de uma liberdade tanto física quanto espiritual, no serviço do único Deus. A saudade do Egito, porém, é difícil de ser vencida. É sempre Deus quem, por meio de Jesus, liberta o ser humano pecador, agarrado aos seus interesses, dando-lhe a força para viver com desapego e de forma altruísta, respeitando sua nobreza interior. Com efeito: "Cristo nos libertou para a liberdade" para continuarmos a ser livres, lutando contra as pretensões do "homem velho" e não redimido que quer manter os seres debaixo da sua servidão (Gl 5,1.13)[36].

Para dar maior ênfase à sua palavra, levando em conta a situação social da sua época, Jesus acrescenta que o escravo não permanece sempre na fa-

---

34. Na teologia joanina, o pecado consiste na rejeição da revelação que, por meio do seu Verbo, Deus fez aos seres humanos (Jo 1,3-4). A recusa de Jesus, que leva a cumprimento o plano de salvação exposto nas Escrituras, representa o pecado maior.
35. Cf. Êxodo 13,3.14; 20,2; Deuteronômio 5,6; 6,12.
36. Paulo alerta os fiéis a não serem devedores da carne, porque isto significa morte, mas a fazerem morrer os instintos egoístas, por meio do Espírito, para se tornarem verdadeiros filhos de Deus (Rm 8,12-14; Gl 5,16-26; cf. Dt 30,15).

mília do patrão na qual trabalha, podendo ser vendido ou trocado em qualquer momento. O filho, ao contrário, permanece sem cessar na casa do pai, tornando-se herdeiro de todos os bens (Jo 8,35)[37]. Enquanto redimido por Jesus, o cristão é convidado, então, a crescer na consciência de ser filho de Deus recusando tudo o que rebaixa e desonra o ser humano, vivendo na esperança de fazer parte da comunidade escatológica (14,2). Sua tarefa é lutar contra os fermentos de corrupção que ainda existem nele, permanecendo livre e fiel à palavra de Jesus[38].

5.5. Paz interior

No sermão após a ceia, Jesus doa aos seus discípulos a paz: "Dou-vos a paz, a minha paz vos dou; não a dou como o mundo a dá" (14,27). É a consequência da presença do Pai e de Jesus neles, realçada pouco antes: "Se alguém me ama, guardará a minha palavra e meu Pai o amará e a ele viremos e nele estabeleceremos morada" (v. 23). No texto, não aparece o verbo "permanecer", mas é subentendido, porque o cristão é chamado a se comprometer seriamente com Deus, se o Pai e Jesus glorificado vem morar nele, estreitando uma Aliança eterna.

"Paz" (*eirênê*), no Novo Testamento, traduz a palavra hebraica *shâlôm*, que representa a totalidade dos bens que o ser humano pode desejar, tanto terrenos como espirituais. Designa a vida plena, próspera e fraterna, iluminada pela fé, cheia de esperança na obra que Deus está realizando no presente e no futuro. O termo não se limita ao desejar que uma pessoa viva na tranquilidade econômica e numa situação de bem-estar, com saúde e concórdia; tampouco indica ausência de guerra entre rivais. A palavra tem algo a ver com o restabelecimento da integridade primitiva, na qual se encontrava a criação quando saiu das mãos de Deus, antes do pecado de Adão.

Jesus pode oferecer a paz, porque nele se realizam as promessas proféticas; com efeito, o Messias é "o príncipe da paz", dará "a paz sem fim" (Is 9,5-6), ele

---

37. LÉON-DUFOUR, X., *Leitura*, v. II, 204.
38. PAPA FRANCISCO, *Oitava catequese sobre os dez mandamentos*, na audiência geral do dia 12 de setembro de 2018, salienta que "há uma escravidão que acorrenta mais do que uma prisão, mais que uma crise de pânico, mais que uma imposição de qualquer tipo; trata-se da escravidão do próprio ego. O ego pode tornar-se um verdugo que tortura o homem, onde quer que ele se encontre, provocando-lhe a mais profunda opressão, aquela que se chama 'pecado', que não é banal violação de um código, mas fracasso da existência e condição de escravos". Continua dizendo que "os escravos não conhecem repouso, não são capazes de amar, pois o amor verdadeiro é liberdade autêntica: desapega da posse, reconstrói os relacionamentos, sabe acolher e valorizar o próximo, transforma em dom jubiloso todo o cansaço, tornando os seres capazes de comunhão".

mesmo "será a paz" (Mq 5,4), levando à plenitude o projeto de Deus: "Paz! Paz! Para os que estão longe e para os que estão perto. Eu os curarei" (Is 57,19)[39].

A paz que Jesus proporciona à humanidade, vencendo o pecado e a morte, é um bem real, concreto e não ilusório, que começa a se manifestar nas relações mais fraternas entre os redimidos, transformados pela graça e decididos a lutar contra o fascínio de uma vida desregrada, embora a paz alcance seu pleno cumprimento no reino de Deus. Jesus a promete indo para o Pai (Jo 14,28), quando o príncipe deste mundo está se aproximando (v. 30), e a presenteia na aparição pascal, dizendo aos discípulos: "Paz a vós" (20,19.21.26). Não deseja aos discípulos simplesmente a paz; ele a "doa", realçando que não se trata de uma conquista humana, mas um dom que brota do sacrifício da cruz e modifica a existência.

Trata-se da paz de Jesus, da "sua" paz, diferente daquela que o mundo dá, baseada em estratégias políticas, em cálculos e equilíbrios, muitas vezes sem respeitar a dignidade dos mais necessitados e sem oferecer uma resposta aos anseios básicos do ser humano. A paz de Jesus exige a transformação do íntimo das pessoas, a conversão do coração, a vitória sobre os falsos valores egocêntricos e autorreferenciais que o mundo propõe. Por isso é verdadeira e não fictícia, sinal de que começou um tempo novo, porque a pessoa, esquecendo-se de si mesma e dos próprios proveitos, começa a se deixar dirigir pela força do Espírito de amor.

Nas palavras de Jesus: "Dou-vos a paz", o verbo, no presente, realça que, desde já, a paz é uma realidade ao alcance do ser humano de acordo com o seu modo de proceder e à medida da sua adesão à palavra de Jesus[40]. Deve, porém, ser conquistada e defendida continuamente, por causa do mal que existe na história[41]. Por isso, é preciso aprender com os fracassos, não ter medo das provocações, enfrentar as lutas, superar momentos de desnorteamento e de medo, contar com a força do perdão, confiar na ajuda que vem do alto, reagir com amor na discórdia, viver na certeza de que o poder do Maligno foi derrotando de forma definitiva no evento da cruz[42].

---

39. Em Isaías 66,12 lê-se: "Farei derramar sobre ela [Jerusalém] a paz como um rio, como torrente desbordante, a glória das nações".
40. LÉON-DUFOUR, X., *Leitura*, v. III, 97-99.
41. Cf. CURY, A. J., *Diez leyes para ser feliz. Herramientas para enamorarse de la vida*, Madrid, EDAF, 2003, 139-141.
42. Dizendo: "Eu venci o mundo" (16,33), Jesus fala de uma vitória completa e definitiva, como indica o verbo *nenikēka* no tempo perfeito.

Capítulo 5
TESTEMUNHAR

A fé em Jesus morto e ressuscitado, redentor do mundo, não pode ser considerada uma riqueza pessoal; deve ser partilhada. Jesus veio para a salvação da humanidade inteira e a boa nova da libertação deve ser anunciada a toda nação, como realça Lucas: "Sereis minhas testemunhas em Jerusalém, na Judeia, na Samaria, até os confins da terra" (At 1,8). A necessidade de dar testemunho encontra-se em todos os evangelhos. Não pode faltar no evangelho de João, embora nele se procure aprofundar mais a compreensão da identidade de Jesus do que mostrar como o evangelho se espalha no mundo antigo. Cada autor sagrado tem sua originalidade e sua liberdade na redação da sua obra, ciente de que o seu aporte vai iluminar um aspecto particular da mensagem de Jesus, beneficiando toda a comunidade cristã.

1. A missão dos discípulos

No quarto evangelho não se fala da missão dos apóstolos durante a vida pública de Jesus, que é narrada nos sinóticos (Mc 6,7-13; Mt 10,1-16; Lc 9,1-6) e considerada como uma preparação para a grande missão que começa após a Páscoa (Mt 28,19; Lc 24,47). João menciona somente a missão pós-pascal, confiada aos discípulos pelo próprio Jesus ressuscitado no dia da Páscoa (Jo 20,21).

1.1. Entrega do mandato

Nenhum empecilho humano, como as portas fechadas por medo dos judeus, impede o Ressuscitado de se manifestar à sua comunidade, porque, passando pelo crivo da cruz, pertence à outra dimensão que não é mais a deste mundo, tendo sido glorificado junto do Pai. A aparição, relatada por João, é a aparição oficial, mencionada em todos os evangelhos, na qual Jesus entrega aos que o seguiram a tarefa de serem testemunhas, continuando a missão que ele recebeu do Pai.

Um detalhe do texto merece atenção: no quarto evangelho não são os Doze que recebem o mandato (1Cor 15,5; Mt 28,16)[1], mas os discípulos (*mathētaí*, Jo 20,19.20.25.26), embora, na narrativa, o autor saiba que os discípulos não se identificam com os Doze (6,66-70). Desta forma, o evangelista mostra não estar interessado na questão de quem, além do Jesus, constitui o alicerce da Igreja, nem de quem possui autoridade na comunidade cristã. Sua atenção vai para a Igreja enquanto tal, para todos os seus membros, destinados a serem missionários entre os povos, anunciando a fé recebida pela tradição.

Na aparição, é Jesus que toma a iniciativa, mostrando-se de repente aos discípulos, excluindo que se trate de um desvario ou de uma alucinação dos mesmos. De fato: "Veio e pôs-se no meio", realizando o que prometeu ao despedir-se dos seus amigos: "Virei a vós" (14,18.28)[2]. A frase "pôs-se (*éstē*) no meio" (20,19) tem um valor simbólico. Não indica somente o papel central de Jesus ressuscitado na comunidade dos fiéis, mas evoca o próprio evento da ressurreição, porque o verbo "pôs-se" deveria ser traduzido propriamente "esteve de pé", salientando a posição ereta de Jesus, em oposição à posição deitada que indica a sua morte.

A primeira palavra que ele pronuncia é um voto de paz. Não se trata de uma simples saudação, mas do fruto precioso da Páscoa, de acordo com o que Jesus garantiu aos discípulos no seu discurso de despedida (14,27; 16,33). Aparecendo, Jesus mostra-lhes suas mãos e o lado com os sinais da paixão, afirmando que a vitória sobre a morte e sobre todo tipo de mal é fruto da sua oferenda total, a qual tem uma eficácia perpétua. Morte e ressurreição estão interligadas e fazem parte do único mistério salvador. Por isso, os discípulos ficam cheios de alegria ao ver, com os olhos da fé, o Ressuscitado, reconhecendo nele o próprio Jesus de Nazaré, com o qual compartilharam sua vida por três anos.

Seguem-se logo as palavras com as quais Jesus confere a missão: "Como o Pai me enviou, também eu vos envio" (20,21). Não se trata de uma palavra pronunciada efetivamente por Jesus ressuscitado dirigida aos discípulos, de uma expressão que deve ser interpretada literalmente, pois, na glória, ele fala

---

[1]. Marcos e Mateus reservam a aparição aos Doze apóstolos, enquanto Lucas amplia o número dos que estavam presentes, falando dos "Doze e os que estavam com eles" (Lc 24,9.33).

[2]. O verbo "vir" (*érchesthai*) é usado por João para falar da manifestação de Jesus nas aparições pascais.

Capítulo 5. TESTEMUNHAR

movendo os corações, agindo interiormente nas pessoas por meio do seu Espírito, animando os discípulos a anunciarem ao mundo o grande mistério de vida e de ressurreição, do qual tiveram uma experiência privilegiada. O texto expressa a consciência missionária que a Igreja adquire no encontro misterioso com o Senhor que venceu a morte. Por meio dela, continua na história o projeto do Pai que começou com o envio do Verbo à humanidade. Há, de fato, uma continuidade básica entre a missão que Jesus recebe do Pai e a que os discípulos recebem de Jesus. Ele é o enviado por excelência (3,17; 3,34; 4,34), os discípulos dão seguimento à sua tarefa (4,48)[3], exercendo um papel indispensável para o bem da humanidade.

À luz dos pormenores da língua grega, realça-se que a missão de Jesus tem um valor permanente e sempre atual, sustentando a ação dos fiéis, enquanto o trabalho apostólico dos discípulos deve ser constantemente renovado por causa da provisoriedade da vida humana e dos diferentes empreendimentos que têm que ser enfrentados ao longo da história com constante criatividade e atenção aos sinais dos tempos[4].

Logo em seguida, Jesus, soprando sobre os discípulos, diz-lhes: "Recebei o Espírito Santo" (20,22). Entrega-lhes a força necessária para desenvolver a missão. O gesto remete para o sopro de Deus sobre o barro na criação do homem (Gn 2,7). Destaca-se, assim, que os discípulos são integralmente renovados pelo Espírito e que o anúncio de Jesus morto e ressuscitado tem o poder de realizar uma nova criação. Desperta a fé, suscita a esperança, acende nos corações a chama do amor, permite viver de forma mais digna, considerando a realidade criada e as vicissitudes dos homens com os olhos de Deus. A revelação feita a João Batista na sua tarefa de enviado que batiza com água: "Aquele sobre quem vires o Espírito descer e permanecer é que batiza no Espírito Santo" (Jo 1,33), cumpre-se com a vinda de Jesus, que mergulha o mundo no banho regenerador do Espírito e continua sua ação por meio da atividade da comunidade cristã.

---

3. Enviado por parte de Deus é João Batista (Jo 1,6.33; 3,28). Na festa das Tendas, enviados pelos sumos sacerdotes são os guardas encarregados de prender Jesus (7,32). Também o Espírito Santo é enviado por Jesus de junto do Pai (15,26; 16,7).

4. No texto grego, o verbo referido ao envio de Jesus está no tempo perfeito (*apéstalken*), realçando que sua missão nunca acaba, mas continua na história, enquanto para o envio dos discípulos usa-se o tempo presente (*pémpō*), deixando entender a necessidade de uma constante renovação dos missionários. Na época de Jesus, os dois verbos *apostéllein* e *pémpein*, tornam-se quase sinônimos, pois o envio do Filho por parte do Pai é indicado tanto com o primeiro verbo (3,17.34; 5,36.38; 6,57), como com o segundo (5,23.30.37; 8,16.18.26; 9,4; 12,44).

Entregando o mandato missionário aos discípulos, Jesus acrescenta: "Aquele a quem perdoardes os pecados ser-lhes-ão perdoados; aqueles aos quais não perdoardes ser-lhes-ão retidos". A frase, que vem logo após a ordem da missão e o dom do Espírito, indica que uma das tarefas principais do trabalho apostólico dos discípulos é a reconciliação dos seres humanos com Deus e entre si. A expressão, que vem da tradição[5], apresenta um evidente paralelismo com o texto de Mateus 18,18: "Tudo o que ligardes na terra será ligado no céu, e tudo que desligardes na terra será desligado no céu", embora não se faça menção explicita ao perdão dos pecados[6]. Tem certo contato também com a ordem, dada por Jesus, de proclamar a "conversão para a remissão dos pecados a todas as nações", que se encontra no evangelho de Lucas, sempre no âmbito das aparições pascais; esta, porém, limita-se ao "anúncio" de perdão, não ao ato concreto da absolvição das culpas (Lc 24,47).

De acordo com a definição do Concílio de Trento, a frase joanina refere-se ao perdão sacramental, destacando a estreita relação entre a deliberação da comunidade cristã acerca dos pecados dos seres humanos e o julgamento de Deus, indicado com o verbo no passivo na frase: "Os pecados ser-lhes-ão perdoados/ser-lhes-ão retidos". Considerando, porém, que no quarto evangelho a ordem do perdão é dada aos discípulos em geral e não somente aos apóstolos, que faltam de destaque na narrativa, o mandato de Jesus pode adquirir um sentido mais amplo. A necessidade de perdoar é entregue a toda a Igreja, assim como o Espírito é comunicado a todos os fiéis (Jo 20,22), de acordo com o autor da primeira carta que reconhece: "Ele nos deu do seu Espírito" (1Jo 4,13).

Toda a Igreja e cada membro recebem, então, o poder de perdoar os pecados. Não se trata do perdão sacramental, mas do perdão recíproco que os cristãos devem se dar, remitindo as ofensas recebidas, acolhendo o pecador e denunciando o pecado que se alastra no mundo. Jesus convida, assim, todos os seus discípulos, submetidos aos ataques do Maligno (Jo 17,15), à mútua reconciliação, superando as mágoas e as inimizades que dividem, para criar um mundo em que se manifesta a misericórdia e o amor[7]. Esse perdão encontra

---

5. O tema da remissão dos pecados, no plural, não é próprio da narrativa joanina, porque João fala principalmente de pecado no singular (8,24; 9,34), identificando-o com a recusa de Jesus, o enviado do Pai, isto é, com a incredulidade.

6. O contexto da expressão de Mateus pode ser pascal, como opinam alguns autores. Cf. BROWN, R. E., *The death of the Messiah*, London, Geoffrey Chapman, 1994, 1040. No Novo Testamento, o tema do perdão dos pecados é frequente (cf. Mc 2,5; Mt 12,31; Lc 7,48; At 10,43; 13,38; 1Jo 1,9; 2,12).

7. A comunidade cristã exerce o ministério do perdão em 1 João 5,16-17. Nesses versículos, afirma-se que todos os pecados podem ser perdoados pela misericórdia de Deus, a não ser o "pe-

Capítulo 5. TESTEMUNHAR

seu cume no ato sacramental, em que o próprio Jesus age por meio da mediação de um seu ministro qualificado, de acordo com as orientações estabelecidas pela Igreja no decorrer da história[8]. No versículo do evangelho, declara-se também que o perdão pode ser recusado. A frase "àqueles aos quais não perdoardes ser-lhes-ão retidos", referida em particular ao perdão sacramental, não representa a declaração da exclusão do plano salvador, o qual depende totalmente de Deus, que é rico em misericórdia, mas um convite à conversão através da protelação do perdão, realçando a seriedade da vida cristã. De fato, a formulação, em forma tanto positiva como negativa, de acordo com a mentalidade semítica que realça os opostos, sugere que é confiada aos discípulos a plenitude do poder de Deus para promover a reconciliação mútua entre os membros da humanidade pecadora, a fim de que possam voltar a viver na Aliança realizada por Jesus, experimentando a verdadeira libertação e a paz, outorgadas por ele.

O mandato de Jesus contribui, assim, ao verdadeiro progresso da sociedade humana, fazendo com que as pessoas, encontrando-se com Deus por meio de Jesus, seu enviado, rompam as correntes do egoísmo e do mal que existem na história, libertando-se de modos de proceder errados, que podem prejudicar o rumo da existência quer pessoal quer comunitária, causando sofrimento e infelicidade.

1.2. Exigência da santificação

Na narrativa joanina, há outro texto no qual se reflete sobre a missão dos discípulos que está para começar. Antes de enfrentar a paixão, Jesus pede ao Pai: "Santifica-os na verdade; a tua palavra é verdade. Como tu me enviaste ao mundo, também eu os enviei ao mundo. E, por eles, a mim mesmo me santifico, para que sejam santificados na verdade" (17,17-19). A frase, semelhante àquela pronunciada pelo Ressuscitado na tarde da Páscoa, é mais complexa e emoldurada pela expressão "santificar na verdade".

---

cado que conduz à morte", o qual se identifica com o da apostasia. A impossibilidade da absolvição não depende de Deus, que sabe superar todos os obstáculos, mas da dureza do coração humano que se recusa reconhecer o erro e, por conseguinte, aceitar o perdão sacramental de Deus.
  8. O versículo, relativo aos discípulos e não aos apóstolos, foi objeto de várias interpretações durante a época da Reforma. Não se refere aos pecados cometidos antes do batismo, como conjecturam alguns Padres da Igreja, nem à pregação em vista do perdão, de acordo com Lucas 24,47. É bom lembrar que o exercício do perdão, confiado à Igreja, recebeu, ao longo do tempo, normas concretas, necessárias para a existência e a continuidade de qualquer organismo humano.

Nela, o "envio", tanto de Jesus como dos discípulos, é apresentado como se já tivesse acontecido, pois os verbos estão no passado[9]. O "mundo" é o lugar do trabalho apostólico, detalhe que faltava em 20,21. Em vários trechos do evangelho representa um âmbito adverso, fechado ao transcendente (15,18.23), que rejeita Jesus e a comunidade cristã, embora Jesus anseie por sua conversão, sabendo que ninguém é insensível à obra da graça, nem as pessoas mais endurecidas (17,21.23). É nesse contexto que os discípulos devem anunciar a boa nova do evangelho.

Para que a missão seja frutuosa, o requisito básico é procurar viver uma vida íntegra, com um compromisso de progressiva santificação, como Jesus declara com o verbo no imperativo, dirigido ao Pai: "Santifica-os (*hagiázein*) na verdade; tua palavra é verdade". A santificação é obra de Deus e exige a colaboração humana. Consiste na plena adesão à vontade de Deus, deixando que a graça trabalhe no íntimo do ser, purificando o coração das misérias terrenas e fortalecendo-o com os dons do Espírito Santo. Trata-se de um processo que dura a vida inteira e transforma as atitudes e o carácter das pessoas, atingindo os âmbitos mais secretos e lesados. Já no "Código da santidade" do Antigo Testamento, Deus deseja que o seu povo seja santo: "Sede santos, como eu, o Senhor, vosso Deus, sou santo" (Lv 19,2), e viva uma existência exemplar, sem pecado, imaculada, não uma mera consagração ritual que é algo superficial e não modifica o coração humano[10].

Pedindo ao Pai: "Santifica-os na verdade" (Jo 17,17) –, e não "consagra-os na verdade", segundo algumas traduções – Jesus não quer que a pessoa seja somente separada do âmbito no qual vive, para realizar um projeto particular de Deus, como aconteceu com Moisés, que Deus santificou e escolheu entre os membros do seu povo "por causa da sua fidelidade e brandura" (Sr 45,4), ou com Jeremias, destinado a ser profeta das nações já antes de sair do seio materno (Jr 1,5). No caso dos discípulos, não se trata de ser posto à parte, mas de ser santo, como Deus é santo, em virtude da força renovadora que vem de Deus. É a "verdade" que santifica, isto é, proceder com fidelidade no caminho da salvação, oferecido por Deus, fazer um encontro autêntico com Jesus ressuscitado que transforma e santifica o ser humano, mostrando-lhe fronteiras diferentes que, em geral, escapam à sua consideração.

---

9. À diferença de João 20,21, o verbo (*apostéllein*) é usado tanto para a missão de Jesus como para a missão dos discípulos.

10. Em 1 Pedro 1,16, deixar-se dirigir pelo Espírito de santidade representa o objetivo básico da comunidade cristã.

Capítulo 5. TESTEMUNHAR

No texto, acrescenta-se a frase referida a Jesus: "Por eles, a mim mesmo me santifico" (Jo 17,19)[11], destacando que a santificação dos discípulos está em relação com a santificação do próprio Jesus. Jesus é o "Santo de Deus" (6,69) e, enquanto homem, alcança sua perfeita santificação na adesão à vontade de Deus, fazendo a oferta total da sua vida na cruz, manifestando o seu amor incondicional pela humanidade pecadora que quer salvar, pois "amou os seus que estavam no mundo e amou-os até o fim" (13,1). A oblação que Jesus faz de si mesmo deve caracterizar também a vida dos discípulos, chamados a viverem na verdade, seguindo as pegadas de Jesus (17,19). É oferecendo a própria existência para o bem dos outros, na fé e no amor, que eles entram no caminho da santificação[12], procurando chegar a uma identificação progressiva com Jesus que "o Pai santificou e enviou ao mundo" (10,36).

O fruto da missão depende, então, não de recursos terrenos, nem das capacidades humanas dos evangelizadores, mas da libertação de todo egoísmo, da fidelidade ao evangelho, da graça de Deus que age diretamente nos corações através de mediações humanas. É a santidade dos enviados que seduz e converte. Como Jesus, também os discípulos, tirados do mundo e guardados do Maligno, devem passar pelo crivo da cruz, do despojamento de si mesmos, para que a missão seja eficaz. "O servo não é maior do que o seu senhor, nem o enviado maior do que quem o enviou" (13,16; 15,20); por isso, também a eles deve ser referida a frase: "Se o grão de trigo que cai na terra não morrer permanece só; mas se morrer produz muito fruto" (12,24).

Para o apóstolo Paulo, anunciar o evangelho não é um título de glória, mas uma necessidade que se lhe impõe, apesar do pouco apreço que ele recebe por parte dos seus contemporâneos:

> Julgo que Deus nos expôs, a nós, apóstolos, em último lugar, como condenados à morte: fomos dados em espetáculo ao mundo, aos anjos e aos homens. Somos loucos por causa de Cristo, vós, porém, sois prudentes em Cristo; somos fracos, vós, porém, sois fortes; vós sois bem considerados, nós, porém, somos desprezados. Até o momento presente ainda sofremos fome, sede e nudez; somos maltratados, não temos morada certa e fatigamo-nos trabalhando com nossas mãos. Somos amaldiçoados, e bendizemos; somos perseguidos, e suportamos;

---

11. Jesus é "o Santo de Deus", santificado pelo Pai, através da entrega radical da sua vida, sendo obediente até a morte e a morte de cruz (Fl 2,8), segundo o desígnio de Deus.

12. Na frase: "A fim de que também eles sejam santificados na verdade", o verbo está no passivo, indicando que a renovação depende da ação de Deus.

somos caluniados, e consolamos. Até o presente somos considerados como o lixo do mundo, a escória do universo (1Cor 4,9-13)[13].

Verifica-se, assim, que o fruto da missão profética da Igreja está sob o sinal da crucificação. Por isso, uma Igreja triunfante que se compraz dos seus êxitos e sucessos é um contrassenso, uma ocasião de escândalo, não um farol que ilumina o mundo, de acordo com o desígnio de Jesus.

1.3. Garantia de frutos copiosos

Apesar da fragilidade crônica dos discípulos, Jesus afirma que eles são destinados a realizar no mundo empreendimentos ainda maiores do que ele cumpriu no seu ministério terreno: "Quem crê em mim fará as obras que eu faço; e fará ainda maiores que estas, porque eu vou para o Pai" (Jo 14,12)[14]. Dizendo isso, não considera somente os discípulos históricos; olha para a Igreja do futuro, fazendo uma declaração que vale para todos os tempos, introduzida com uma frase solene: "Em verdade, em verdade, vos digo". A comunidade está, assim, empolgada em realizar as obras de Jesus – "as obras que eu faço" – e outras ainda, que por enquanto não pode prever, ciente, todavia, de que Jesus é o primeiro artífice da missão. Ele continua agindo nos discípulos por meio do Espírito (14,15-17); por isso, é de interesse deles que Jesus parta, para que venha o Paráclito, o Espírito da verdade (16,7), que, estando com eles, permanecendo junto deles e atuando neles, continua no mundo a ação salvífica do Ressuscitado.

O que significa a frase "fazer obras maiores", referida aos discípulos? Não quer dizer que eles farão obras mais chamativas e mais impactantes do que as de Jesus. Em João, as obras feitas por Jesus são as que o Pai lhe deu (5,36), que ele fez em nome do Pai (10,25), nas quais se manifesta a ação conjunta dele e do Pai. Por isso, após a cura do enfermo da piscina de Betesda, reconhece que "o Pai ama o Filho e lhe revela tudo o que faz e lhe manifestará 'obras maiores do que esta', para que vos admireis" (5,20)[15]. Para Jesus, as "obras maiores" identificam-se com os sinais que revelam sua identidade filial, realçando que

---

13. Em 2 Coríntios 4,11-12 lê-se: "Embora vivamos, somos sempre entregues à morte por causa de Jesus, a fim de que também a vida de Jesus seja manifestada em nossa carne mortal. Assim a morte trabalha em nós; a vida, porém, em vós".
14. De acordo com o papiro P[66], Jesus fala de "obras maiores", sem acrescentar "que elas", então, sem insistir na comparação entre as obras dos discípulos e as que ele fez na sua atividade terrena.
15. Jesus não se enaltece por causa das obras que realiza, como acontecia com os curandeiros antigos que zelavam pelo seu renome.

Capítulo 5. TESTEMUNHAR

ele é o doador da vida, quem cura radicalmente o ser humano, quem dá a verdadeira alegria, chegando a vencer a morte[16].

As obras maiores, que os discípulos são chamados a fazer, pertencem, por conseguinte, ao âmbito da salvação. Trata-se de obras de vivificação interior de pessoas desorientadas e pessimistas, que acarretam a redescoberta dos valores autênticos que devem nortear a existência neste mundo, juntamente com a compreensão do sentido da vida à luz da fé. A concretização desse objetivo vai muito além do alcance de realizações provisórias, parciais e gratificantes, que caracterizam cada etapa da aventura humana. São qualificadas "maiores" talvez pela necessidade de superar obstáculos mais consistentes que na época de Jesus, influências negativas das culturas que combatem abertamente a fé cristã, resistências enraizadas no coração humano, difíceis de serem vencidas.

O relato da pesca milagrosa no lago de Tiberíades indica que as obras maiores, anunciadas por Jesus, começam a realizar-se (21,1-14). A narrativa não relata somente a aparição pascal de Jesus aos discípulos. Nela, desenvolvem-se temas eclesiais, indicados pelas imagens do barco e da pesca. Fala-se da missão da Igreja e das dificuldades encontradas na sua realização. Sozinhos, embora trabalhando a noite toda, os discípulos nada apanham. Ao amanhecer, no momento em que o sol começa a brilhar, eliminando a escuridão[17], Jesus ressuscitado entra delicadamente na situação dos discípulos, pedindo-lhes: "Já tendes algo para comer?", procurando mostrar-lhes como sair do impasse.

Após a resposta negativa deles, que com um simples "não" manifestam sua desilusão, Jesus os convida a lançar a rede à direita do barco. O lado direito é o da boa sorte e os discípulos apanham tamanha quantidade de peixe que não tinham mais força para puxar a rede. Trata-se de 153 grandes peixes, indicados com um número exato, porque no texto falta o advérbio "aproximadamente" (*hôs*), usado várias vezes pelo evangelista (Jo 1,39; 6,10; 21,8). A composição do relato, feita em *crescendo*, menciona o número dos peixes só no final da cena (v. 11), após ter notado a enorme "quantidade de peixes" capturados (v. 6) e "a rede com os peixes" tirada para a terra (v. 8), dando destaque ao empreendimento dos discípulos.

As interpretações dos autores são muitas[18]. Todas concordam que o autor, com os 153 "grandes" peixes apanhados – sem contar os "pequenos"! –, quer evi-

---
16. O dom de dar a vida e de julgar que, no Antigo Testamento, era reservado a Deus, na nova economia de salvação é confiado ao Filho (Jo 5,22).
17. No texto, o despontar do sol opõe-se às trevas da noite, símbolo de perigo.
18. São Jerônimo afirma que os zoólogos gregos tinham encontrado no lago de Galileia 153 espécies de peixes diferentes. Agostinho, que reconhece no pormenor "um grande mistério", in-

denciar o êxito da missão da Igreja pós-pascal, destinada a abranger os confins do mundo, se realizada em nome de Jesus e confiando na sua constante presença salvadora. É o resultado grandioso do sacrifício pascal de Jesus, cuja finalidade é "congregar na unidade todos os filhos de Deus dispersos" (11,52; cf. 17,20). A narrativa teológico-catequética estimula, assim, a comunidade cristã a engajar-se com energia na obra de evangelização, ciente de que Jesus ressuscitado a acompanha, permitindo-lhe superar os desafios de cada época. É dessa forma que ela realiza as obras maiores, prometidas por Jesus.

1.4. Necessidade da acolhida

O evangelista acrescenta que a missão produz fruto à medida da acolhida por parte dos seus destinatários. De fato, na última ceia, Jesus, colocando-se do lado dos ouvintes, não mais dos evangelizadores, realça: "Em verdade, em verdade, vos digo: quem acolhe aquele que eu enviar, a mim acolhe e quem me acolhe, acolhe Aquele que me enviou" (13,20)[19]. Dizendo isso, salienta que acolher os enviados significa acolher ele mesmo e, por causa da sua união única com o Pai, acolher o próprio Pai, do qual procede toda missão. O versículo mostra o valor do evangelizador e do seu anúncio, que é palavra vivificadora e, ao mesmo tempo, lembra a quem o recebe a responsabilidade de tomar posição diante da mensagem que lhe é oferecida.

O texto afirma que não é possível separar a Igreja, que proclama a boa nova da salvação, de Jesus, porque, apesar dos pecados dos seus membros, ela é o instrumento com que Deus atua na história, realizando a regeneração do ser humano. Por isso, Jesus exorta a acolher com gratidão o enviado, na consciência de que cada genuíno anunciador proporciona um pedacinho da pérola preciosa, pela qual vale a pena vender tudo o que se possui para comprá-la. Por outro lado, não cessa de lembrar que missão significa serviço e exige rebaixamento, como ele mostra na passagem, lavando os pés dos discípulos e exortando-os a lavar-se os pés uns aos outros, pois servir é uma bem-aventurança (v. 17).

---

terpreta o número como a soma de todos os números de um até dezesseis, pensando que se trate de um número triangular. Dezessete corresponde a soma de dez mais sete, apontando para os dez mandamentos e para os sete dons do Espírito Santo. Cirilo de Alexandria supõe que o número 153 seja equivalente a cem, mais cinquenta, mais três: cem corresponderia à plenitude dos gentios que entram na Igreja, cinquenta, ao povo de Israel e três, à Santíssima Trindade.

19. A expressão, com pequenas variações, pertence à tradição (Mt 10,40; Mc 9,37; Lc 9,48; cf. Lc 10,16). LÉON-DUFOUR, X., *Leitura*, v. III, 33, nota que a frase vem logo depois do convite de Jesus a acreditar nele, enquanto representante de Deus, "para que creiais que Eu sou" (Jo 13,19).

2. Jesus, fecundidade de toda missão

O êxito da missão é obra exclusiva de Jesus, como se destaca no episódio da samaritana. Quando a mulher deixa o seu cântaro e se dirige à cidade para anunciar aos seus concidadãos o que lhe aconteceu, entram em cena os discípulos que tinham ido à cidade comprar alimento (4,8), convidando Jesus a comer: "Come, Rabi" (4,31). Sua reação é imprevisível. O alimento do qual Jesus precisa nesse momento não é material, mas identifica-se com "fazer a vontade daquele que me enviou e realizar a sua obra", trabalhando para que a humanidade tenha fé nele, enquanto palavra definitiva do Pai, e alcance a vida, pois: "A obra de Deus é que acrediteis naquele que ele enviou" (6,29).

Considerando o êxito do seu encontro com a mulher da Samaria e, logo em seguida, com os habitantes da região, Jesus faz uma comparação tirada do mundo agrícola. Olhando para a natureza fecunda do lugar e para os campos arados prestes a dar frutos, prevê que a colheita acontecerá dentro de quatro meses[20]. Com um voo pindárico, porém, antecipa os tempos e convida os discípulos a verem desde já os campos brancos pela messe. Não está se referindo ao trabalho dos agricultores, mas à missão sua e da Igreja primitiva que já produz frutos, pois a Samaria foi uma das primeiras regiões a ser evangelizada, respondendo com entusiasmo à pregação da Boa Nova (At 8,4-8)[21].

Apontando para a conversão dos samaritanos, Jesus acrescenta que a seara está madura pelo trabalho conjunto do semeador e do ceifeiro. Afirma que o ceifeiro recebe o seu salário e fica satisfeito com o êxito obtido, porque "ajunta fruto para a vida eterna". Também o semeador alegra-se com o ceifeiro, sendo ele quem começou o trabalho, lançando à terra a semente. O fruto abundante depende da labuta dos dois, de acordo com o provérbio: "Um é o que semeia, outro o que ceifa" (4,37)[22].

Deixando de lado as comparações, Jesus procura explicitar quem é o semeador e o ceifeiro que colaboraram juntos para o bom êxito do trabalho apostólico. Os ceifeiros são os discípulos, enviados a trabalhar na vinha do Senhor na última hora (Mt 20,1-16), pois ceifaram onde não trabalharam, recolhendo o fruto que não semearam. Quem é o semeador que operou antes dos discípulos, cuja atividade foi aproveitada por parte deles? Dificilmente se trata dos profetas do Antigo Testamento, ou de João Batista, que prepararam

---

20. A cena ocorre após a primeira Páscoa vivida por Jesus em Jerusalém (2,13), mais ou menos em fevereiro do segundo ano da sua atividade pública.
21. No episódio da samaritana, João sintetiza o trabalho missionário na região da Palestina e os seus desafios.
22. Também na antiguidade havia distinção de tarefas na produção agrícola.

o povo de Israel para o encontro com o Messias. A seara da terra está madura e a foice pode ser jogada somente por causa de Jesus e da sua entrega generosa (Ap 14,15; 1Cor 3,9). Ele é o único semeador que garante o bom resultado da missão da Igreja, de acordo com as suas palavras: "Sem mim, nada podeis fazer" (Jo 15,5). Depende dele o fruto do esforço apostólico dos discípulos, cientes de que Jesus ressuscitado constantemente os sustenta. Ele mesmo assegura: "Fui eu que vos escolhi e vos designei para irdes e produzirdes fruto e para que o vosso fruto permaneça" (15,16)[23].

3. Testemunho da comunidade e judaísmo incrédulo

A missão *ad gentes* é anunciada no quarto evangelho sem entrar em pormenores, de acordo com os sinóticos que também são bastante sóbrios a respeito disso, conquanto neles se relate a missão pré-pascal dos Doze, acompanhada pelo discurso missionário de Jesus. Somente Lucas, que escreve no final do primeiro século e experimenta a urgência da evangelização do mundo até então conhecido, completa o seu evangelho com o relato dos Atos dos Apóstolos, que representam uma monografia histórica da difusão da Boa Nova de Jerusalém até Roma[24].

Se a aparição do Ressuscitado abre para a comunidade joanina os horizontes da missão universal, ela experimenta, de modo particular, a necessidade de dar testemunho de Jesus no âmbito concreto no qual vive, caracterizado pelo contraste acirrado entre judeus que acreditam e judeus que não acreditam. Trata-se de um contraste interno do judaísmo do primeiro século, no qual os cristãos são chamados a fazerem uma defesa corajosa de Jesus, mostrando seu ardor evangelizador.

A frequência do verbo "testemunhar" (*martyreîn*) e do substantivo "testemunho" (*martyría*), normalmente referidos à defesa da pessoa de Jesus[25], juntamente com a ausência do verbo "proclamar" (*kerýssein*), específico dos sinóticos para indicar o anuncio público do evangelho, feito por um arauto, mostram que a atenção da comunidade judaico-cristã está focada no problema particular da incredulidade de muitos membros do povo de Israel[26].

---

23. No versículo, o verbo "irdes" não indica um mandato oficial, como em Lucas 10,3, mas reforça o verbo que se segue: "produzir fruto".
24. Lucas compõe uma só obra em dois volumes.
25. O verbo e o substantivo constituem a moldura do evangelho (Jo 1,7; 21,24). Encontram-se respetivamente 33 e 14 vezes na narrativa joanina.
26. No quarto evangelho não se faz menção à pessoa que dá testemunho (*mártys*), nem se mostra interesse pelo depoimento feito (*martýrion*).

Capítulo 5. TESTEMUNHAR

Diante da pessoa de Jesus, os judeus estão divididos; uns acreditam que ele seja o Messias, outros estão perplexos ou decididamente contrários (Jo 7,12.26.31). Muitos chefes creem nele, mas às escondidas, para não serem expulsos da sinagoga (12,42); as autoridades religiosas e civis manifestam o propósito de matá-lo, acusando-o de blasfêmia (5,18; 10,33), sem considerar suas obras e suas palavras (5,36; 10,25), negando que o plano de Deus, revelado nas Escrituras, encontre nele sua plenitude (5,39).

O verbo "testemunhar", que aparece bem dezoito vezes na narrativa joanina, apresenta uma construção gramatical peculiar na língua grega, que nunca se encontra em outras composições do Novo Testamento. Significa dar um testemunho oficial, diante de opositores, a favor de uma pessoa ou contra ela, no âmbito de uma disputa ou de um processo, trazendo provas acerca da veracidade do depoimento feito. Tem sentido jurídico, igualmente a outros verbos, presentes na narrativa, quais "acusar" (5,45), "provar a culpabilidade" (3,20; 8,46; 16,8), "julgar" (5,22.30; 12,4.7.48; 16,11; 18,31), sempre relativos à polêmica entre a comunidade primitiva e os judeus que recusam o anúncio de Jesus (5,41-47; 7,1-8,58; 10,22-39)[27].

Esses pormenores levam a pensar que o quarto evangelho possa ser lido com o "parâmetro interpretativo" de um grande processo, no qual o acusado de ultraje a Deus é Jesus e os acusadores são os judeus incrédulos, na qualidade de representantes dos descrentes de todos os tempos. Com obstinação, a comunidade dá testemunho a favor de Jesus, procurando mostrar que o anúncio cristão não nega a fé de Israel no único Deus, mas a reinterpreta, afirmando que em Deus há uma comunhão de pessoas (1,1). Os judeus opõem-se radicalmente a essa perspectiva, rejeitando que Jesus possa ter uma relação privilegiada com Deus, diferente daquela dos profetas e dos justos da história bíblica.

Nessa tarefa de anúncio e de defesa da integridade da fé cristã, a Igreja é fortalecida pelo Espírito Santo, qualificado como "Paráclito", isto é, "chamado para perto", "advogado", termo que nunca aparece no Antigo Testamento. O Espírito é o advogado de Jesus, não da comunidade cristã, engajada na controvérsia com os judeus incrédulos[28]. Aliás, os discípulos unem-se ao Espírito en-

---

27. Quando o verbo "testemunhar" tem esse sentido, é seguido pela preposição *perí* com o caso genitivo, embora, na língua grega, possa ter outra construção gramatical, pouco frequente no quarto evangelho (cf. 3,26; 5,33; 18,37). O termo "caso" expressa uma função gramatical, e indica a maneira com que um termo se relaciona com as outras palavras da frase. Disponível em: <https://pt.wikibooks.org/wiki/Grego_moderno/Gram%C3%A1tica/Nomes>. Data de acesso: 20 abr. 2023.

28. Em Mateus, o Espírito sustenta os discípulos que dão testemunho nos tribunais, não Jesus (Mt 10,18-20).

frentando os ataques contra Jesus, recebendo dele força e sustento, de acordo com a promessa do próprio Jesus: "O Espírito da verdade, que procede do Pai, ele dará testemunho de mim e vós também dais testemunho de mim, porque estais comigo desde o começo" (15,27). O testemunho do Espírito e o testemunho da comunidade formam uma só voz, constituem um único depoimento, com o objetivo de fazer compreender uma verdade superior aos meros conhecimentos humanos.

Os cristãos da comunidade joanina tornam-se, assim, verdadeiros missionários para os seus concidadãos que um tempo partilhavam da mesma fé religiosa e que não encontram na tradição elementos suficientes para acreditarem em Jesus. Seu testemunho é insistente, dado com energia e lucidez, embora seus frutos sejam limitados. As críticas e as palavras violentas contra os adversários não são poupadas por nenhum dos dois grupos, segundo o costume da época (7,20; 8,44.48.52).

Será o Espírito que, iluminando os discípulos, dará uma solução definitiva ao conflito, mostrando que o verdadeiro pecador não é Jesus, que declara sua relação particularíssima com o Pai, mas os seus perseguidores, que não acreditaram nele, pois o autêntico pecado é a incredulidade. Atestará também que a justiça dos chefes dos judeus que mandaram crucificar Jesus é uma falsa justiça, porque a morte de Jesus corresponde à sua glorificação junto do Pai. Portanto, o verdadeiro condenado não é Jesus, considerado um malfeitor perigoso e morto com um suplício dolorosíssimo ao qual podiam ser submetidos somente os escravos, mas o "príncipe deste mundo", figura simbólica que representa todos aqueles que rejeitam a possibilidade de que Deus possa se revelar por meio da encarnação do seu Verbo (16,8-11). Os judeus descrentes vivem sob a influência desse mentor oculto.

4. Perene necessidade do testemunho

O processo contra Jesus continua no tempo. O Verbo, que veio habitar entre nós, também hoje torna-se "escândalo", "sinal de contradição" para muitos que, no passado, partilharam da fé cristã. Não se trata mais, como na época da comunidade primitiva, de uma oposição motivada por argumentos definidos, como, por exemplo, o fato de o Messias não ser da linhagem de Davi, não vir de Belém da Judeia, mas da Galileia, conforme a opinião das autoridades de Jerusalém a respeito de Jesus (7,42). A situação atual é diferente. É mister abrir os olhos de muitos sobre o risco de desvalorizar e recusar, sem conhecê-lo ade-

Capítulo 5. TESTEMUNHAR

quadamente, o patrimônio de valores cristãos e de certezas inabaláveis que sustentou inúmeras gerações do passado, ajudando-os a entenderem que, na história, há um plano de Deus que se desenvolve e cujo ápice é Jesus Cristo.

Com efeito, o positivismo materialista e a insegurança difundida acerca da possibilidade de encontrar um sentido satisfatório para a existência, geram um vazio existencial que impede toda reflexão séria. Em muitos que vivem em países abastados, prevalece o desinteresse, uma sorte de apatia a respeito do anúncio cristão, o que é ainda mais perigoso. Sem dúvida, no presente, nem tudo é negativo. O mundo está em ebulição e uma nova cultura está nascendo nas diferentes regiões da terra[29]. Emergem novos valores, nem sempre plenamente apreciados no decorrer da história, como a solidariedade, a promoção da justiça, o respeito da verdade, junto com a coragem de romper com hábitos e tradições esclerosadas, propondo novas soluções.

No trabalho para uma "nova evangelização", a comunidade cristã, como fez a Igreja joanina na época do contraste com o judaísmo fechado e autossuficiente, é chamada a dar um testemunho renovado do mistério de Deus e de Jesus morto e ressuscitado nas terras tradicionalmente cristãs, ajudando as pessoas a se libertarem dos preconceitos, a conhecerem pessoalmente a palavra revelada e a viverem de modo pessoal sua fé, cientes de que ela dá gosto e sentido à existência humana.

Não se trata de palavras gastas, mas sempre vivas, das quais é possível reconhecer a genuinidade à medida do avanço na experiência espiritual. Continua sendo verdade que o ser humano pode ter tudo, mas carecer do mais importante, pois é feito para Deus e não encontra repouso e paz se não nele[30].

Uma vida verdadeiramente renovada não passa despercebida, pois na época da globalização tudo está interconectado. Provoca curiosidade, representa um atrativo, ganha seguidores, conquista, fazendo com que o número dos fiéis cresça "não por proselitismo, mas por atração"[31], pois Deus não age na agitação, mas no silêncio. Transforma os corações e exorta com as palavras do profeta:

> Ah! Todos que tendes sede, vinde à água. Vós, os que não tendes dinheiro, vinde, comprai e comei; comprai, sem dinheiro e sem pagar, vinho e leite. Por que gastais dinheiro com aquilo que não é pão, e o

---

29. A tentação de louvar o tempo passado nunca foi fecunda.
30. Agostinho lamenta: "Tarde te amei, beleza sempre antiga e sempre nova". Cf. *Confissões* X, 27, 38, op. cit., 299.
31. PAPA BENTO XVI, *Homilia no Santuário de Nossa Senhora Aparecida*, São Paulo, no dia 13 de maio de 2007.

produto do vosso trabalho com aquilo que não pode satisfazer? Ouvi-me com toda atenção e comei o que é bom; haveis de deleitar-vos com manjares revigorantes. Escutai-me e vinde a mim, ouvi-me e haveis de viver. Farei convosco uma aliança eterna, assegurando-vos as graças prometidas a Davi (Is 55,1-3).

Capítulo 6
ESPERAR

Toda a Bíblia é projetada para o futuro e pode ser qualificada como o livro da esperança. Com efeito, logo após o pecado de Adão, as palavras dirigidas à serpente: "Porei inimizade entre ti e a mulher, entre a tua descendência e a dela; esta te esmagará a cabeça e tu lhe ferirás o calcanhar" (Gn 3,15), salientam que Deus não se esquece do ser humano, do qual deseja a salvação.

Para o povo de Israel, o caminho da esperança começa com Abraão, convidado a deixar Harã, sua pátria, para a terra que Deus lhe indicar, prometendo-lhe também uma posteridade numerosa, embora sua mulher seja estéril (12,1-3). Terra e descendência são um dom gratuito, pura expressão da misericórdia de Deus e não aquisições do patriarca, chamado a viver com uma fé sempre mais sincera. As provações e as inúmeras peripécias, que ele e os seus descendentes devem enfrentar, ajudam gradativamente o povo da promessa a passar de uma compreensão meramente terrena da palavra de Deus a um entendimento mais espiritual da mesma.

Com o progredir da história, a terra esperada não é mais a terra boa e espaçosa que mana leite e mel (Ex 3,8), mas a que Deus prepara para os seus eleitos, que não pertence a este mundo, mas à realidade escatológica. Da mesma forma, a descendência numerosa não consiste somente nos filhos de Abraão segundo a carne, mas em todos os que acreditam em Deus, Criador e Senhor do universo, que chama à existência as coisas que não existem e faz brotar da morte a vida (Rm 4,19).

Esse gradual amadurecimento da esperança judaica encontra-se nos livros tardios do Antigo Testamento, nos quais se salienta que a paz e a salvação, desejadas por Israel, não se verificam nesta terra, mas junto do Senhor, onde os justos receberão de sua mão "uma coroa magnífica e um diadema belíssimo" (Sb 5,15-16). A comunidade cristã está convencida de que a promessa encontra sua plena realização em Jesus ressuscitado, no qual se cumprem todas as Escrituras: "Deus cumpriu para nós, os filhos, a promessa feita aos nossos pais, ressuscitando a Jesus" (At 13,33).

A esperança torna-se, assim, a força dinâmica que perpassa toda a revelação bíblica. "Os projetos de ventura e não de desgraça", "o futuro cheio de esperança" (Jr 29,11), anunciados pelo profeta Jeremias, realizam-se com a vinda de Jesus, comprovando que Deus é "a esperança de Israel e seu salvador na amargura" (Jr 14,8)[1].

No quarto evangelho, nunca aparece o termo "esperança" (*elpís*), presente somente na primeira carta de João, na qual o autor declara que quem tem esperança no encontro definitivo com Deus, em virtude da salvação alcançada por Jesus, procura se libertar de toda impureza e pecado: "Todo o que nele tem esta esperança, purifica-se a si mesmo, como também ele é puro" (1Jo 3,3). Apesar da parcimônia do uso do termo, toda a narrativa joanina é animada pela esperança, na consciência de que a existência humana tem seu comprimento na bem-aventurança escatológica[2].

1. Jesus, esperança que jamais se apaga

Jesus ressuscitado é o doador da vida nova, oferecida a quem se aproxima dele com um coração disponível.

1.1. Jesus, manancial da vida

No último dia da festa das Tendas, quando, no Templo, todos os candeeiros de ouro estavam acesos e havia uma procissão noturna com tochas, lembrando o tempo do deserto em que o povo de Israel era dirigido pela nuvem luminosa e pela coluna de fogo, Jesus declara: "Eu sou a luz do mundo, quem me segue não andará nas trevas, mas terá a luz da vida" (Jo 8,12)[3].

---

1. Paulo, em todas as suas cartas, anima a esperança cristã, salientando que o desfecho da vida humana é a ressurreição dentre os mortos (1Ts 4,13-18), a glorificação da carne mortal (1Cor 15,51), o encontro com o Senhor (Fl 1,23; 2Cor 5,8). Igualmente nos sinóticos, Jesus anuncia que os justos são destinados a entrar no Reino preparado por eles "desde a fundação do mundo" (Mt 25,34), exortando os discípulos a esperar a vinda do Filho do homem (Mc 13,1-37; Mt 24,1–25,46; Lc 21,5-36). Também "as nações porão sua esperança" em Jesus, reconhecido como o servo do Senhor (Mt 12,21; Is 42,1-4).
2. Frequentemente, no Novo Testamento, afirma-se que o Senhor virá como "um ladrão de noite" (1Ts 5,2; 2Pd 3,10; Ap 3,3).
3. DODD, C. H., *Interpretação*, 276, nota que a palavra de Jesus não é considerada pelos judeus como uma "usurpação de atributos divinos", pois, no texto, falta qualquer refutação por parte deles, como em outros casos (5,18; 10,33).

Capítulo 6. ESPERAR

Na frase, com a qual Jesus se manifesta, as duas qualificações "luz do mundo" e "luz da vida" estão relacionadas entre si. Jesus proclama ser a luz da vida porque é a luz do mundo. É luz porque é "a transparência do Pai"[4] – em si, luz puríssima (1Jo 1,5) –, sendo o único mediador que permite conhecer o verdadeiro rosto de Deus[5]. Revelando o mistério de Deus e oferecendo à humanidade a sabedoria de Deus, cujas pegadas são visíveis na criação e na história, proporciona a vida aos que se relacionam com ele[6]. De fato, uma compreensão nova de Deus determina sempre uma transformação interior do ser humano[7].

No texto, não se especifica de que vida se trata. Evidentemente não da vida física que, embora preciosa aos olhos de Deus (Gn 2,7; Sb 15,11), pode ser comparada à sombra que passa (Sl 144,4), ao sopro que se agita (Sl 39,6.12), à fumaça que evapora (Sb 2,2). Trata-se da vida interior, iluminada pela fé, liberta do pecado, que procura viver no serviço, na doação e na caridade, de acordo com os valores anunciados por Jesus. É fruto das energias da ressurreição que atuam na história e no coração de quem acredita que o mal e a morte foram definitivamente vencidos. Por conseguinte, deixar-se iluminar pela luz de Jesus, aproximar-se dele, significa afastar-se das trevas e entrar numa nova dimensão, descobrindo o projeto salvador que Deus realiza por meio do Verbo encarnado (1,4)[8]. A existência torna-se, assim, luminosa, resplandecente, saborosa, porque profundamente renovada (12,46). A frase que Jesus pronuncia na solenidade das Tendas, tem, então, valor tanto cristológico quanto soteriológico, pois ele é vida para todo homem.

Jesus oferece, com prodigalidade, esta vida, exortando o povo a comer o pão vivo, descido do céu, diferente do maná que os pais comeram e morreram, pois "quem comer deste pão viverá eternamente" (6,51). O pão, proporcionado por Jesus, identifica-se com a sua carne dada "para a vida do mundo", isto é, com ele mesmo entregue por amor até o sacrifício da cruz, porque sua morte será fonte de vida para a humanidade[9]. O requisito essencial para rece-

---
4. A expressão é de MAGGIONI, B., O evangelho de João, 365.
5. LÉON-DUFOUR, X., Leitura, v. II, 188, nota que tanto a Lei (Pr 6,23; Sl 119,105), como a Sabedoria (Pr 8,22; Sb 7,26) e o Messias (Is 42,6; 49,6) são qualificados de "luz".
6. Todo ser humano recebe a luz do Verbo, presente ao mundo, e é reavivado por ela (Jo 1,9).
7. Também no prólogo do quarto evangelho, Jesus é celebrado como "luz dos homens" e como "vida", duas qualificações que se implicam mutuamente (1,4).
8. Afirmando: "Eu sou a luz do mundo", Jesus não nega a existência de outras luzes que, ao longo do tempo, brilharam na humanidade por obra de personagens ilustres da antiguidade, embora não possam ser comparadas com ele que as inclui, aperfeiçoando-as.
9. O verbo no futuro "darei" (dósō) e a preposição "para" (hypér) apontam para o sacrifício da cruz (11,50-51; 15,13; Rm 5,8; 8,31).

ber esta vida é aderir intimamente à sua pessoa, interiorizar sua palavra[10], acreditar nele, que, com a sua paixão, salva o mundo.

No episódio de Lázaro, realça-se mais claramente que tipo de vida Jesus doa ao ser humano. Embora avisado da doença do amigo, permanece ainda dois dias no lugar onde se encontrava. Quando a notícia do fim irreparável chega aos seus ouvidos, Jesus reage dizendo: "Alegro-me de não ter estado lá, para que creiais" (11,15). O detalhe, que parece desmentir a amizade que reina entre ele e a família de Betânia, tem uma finalidade teológica: mostrar que o pleno cumprimento do plano de Deus consiste na epifania da vida, não somente da vida física, mas da vida que vence a morte, da qual a reanimação de Lázaro é um sinal.

Com efeito, Jesus, proclamando: "Eu sou a ressurreição e a vida" (11,25a)[11], liberta o amigo das garras da morte, restituindo-o à existência terrena, embora a morte não seja nele ainda definitivamente derrotada, como realça o pormenor dos pés e das mãos enfaixados e do rosto recoberto com um sudário, indicando que Lázaro deverá ainda morrer (v. 44)[12]. No texto, a vitória de Jesus sobre a morte aponta para o evento da ressurreição que vence todo mal e renova radicalmente o ser humano, como se destaca nas duas expressões que se seguem, nas quais se explica em que sentido Jesus é o senhor da vida: "Quem crê em mim, ainda que morra, viverá. E quem vive e crê em mim jamais morrerá" (v. 25b-26a).

A primeira frase aponta para a vida escatológica futura. A morte corporal é uma realidade necessária, à qual ninguém pode escapar; porém, a fé em Jesus ressuscitado, juntamente com uma existência íntegra, faz com que a vida triunfe, não aquela marcada pelo pecado, característica do homem deste mundo, mas a vida nova, fruto da graça de Deus, que tem como desfecho a bem-aventurança eterna. A segunda frase salienta a necessidade não apenas de crer em Jesus, mas de viver em união com ele, adotando seu modo de pensar e de proceder. Quem procura alcançar esse objetivo, deixando-se conduzir pelo Espírito, recebe o dom de jamais morrer, a saber, de ser salvo, afastando todo perigo de danação (v. 26). Repete-se, então, o que o próprio Jesus dissera na

---

10. "Seguir" Jesus e "crer" nele, que aparecem no relato da festa das Tendas, correspondem, no sermão de Cafarnaum, a "comer" a carne do Filho do homem e "beber" o seu sangue (Jo 6,53-54), sinônimos de acreditar e ir atrás de Jesus, pois, como foi explicado, a referência sacramental é secundária.

11. A frase "e a vida" é omitida em alguns códices. O termo "vida" tem a função de reforçar a palavra "ressurreição" (cf. 5,29).

12. Ao ressuscitar, Jesus deixa no túmulo os linhos sepulcrais, indicando sua entrada definitiva na glória do Pai. (20,6-7).

festa das Tendas: "Em verdade, em verdade, vos digo: se alguém guardar a minha palavra jamais verá a morte" (8,51).

No episódio de Lázaro, mencionam-se, assim, quer a vida nova que, antes da sua morte terrena, se apodera do cristão como consequência da sua fidelidade ao Senhor, quer a dimensão escatológica da existência regenerada[13]. As duas perspectivas são objeto de reflexão ulterior por parte da comunidade joanina.

1.2. Vida redimida e julgamento

Como foi explicado, a vida redimida inicia com a adesão a Jesus, reconhecido como Senhor e Redentor, pois acreditar nele, levando uma existência santa, tem como efeito imediato receber a vida (3,16). À medida que a vida nova toma posse do fiel, afasta-se dele o julgamento condenatório de Deus, pois, "quem crê não é condenado; quem não crê, já está condenado porque não acreditou no nome do Filho unigênito de Deus" (3,18). O evangelista atualiza, assim, os dois eventos escatológicos, estritamente reservados a Deus no Antigo Testamento, relacionando-os com a pessoa de Jesus, destacando que vida e juízo finais são a consequência da atitude, tomada nesta existência, a respeito do próprio Jesus.

Com efeito, passar da morte à vida e não vir a juízo depende da escuta da sua palavra e da fé nele, enquanto enviado de Deus e digno da mesma honra que o Pai (5,24; 1Jo 3,14)[14]. O convite é dirigido a todos. Portanto, a afirmação de que o Filho "dá a vida a quem quer" (5,21), segundo o contexto da frase, longe de indicar qualquer decisão arbitrária, "enfatiza o carácter ilimitado do poder que o Filho recebeu" para que o mundo pecador viva e seja salvo[15]. Única condição é que o ser humano, alcançado pela graça, se torne disponível para entrar em comunhão com Jesus e com o Pai, os quais são os artífices de toda regeneração interior[16].

Se nos textos citados, vida e juízo são mencionados juntos, não há dúvida de que, no quarto evangelho, o tema da vida prevalece sobre o do julgamento, porque o desejo de Deus consiste exclusivamente em redimir e res-

---

13. Com razão Edith Stein realça que quem procura a verdade – e poder-se-ia acrescentar, a vida –, saiba disso ou não, está à procura de Jesus Cristo.
14. Acreditar em Jesus é a única condição para receber a vida renovada (Jo 5,40; 6,47.54.57; 11,26).
15. LÉON-DUFOUR, X., *Leitura*, v. II, 41.
16. Também na primeira carta de João, de forma sintética, reconhece-se que o dom da vida é uma realidade presente que depende do encontro com o Filho, pois "Deus nos deu a vida eterna e esta vida está em seu Filho" (1Jo 5,11).

gatar todo ser por meio de Jesus Cristo (4,41), conforme a revelação bíblica: "Juro por minha vida que não encontro prazer na morte do ímpio, mas que ele deixe o mau caminho e viva" (Ez 33,11).

Evidentemente, para que isso se verifique, é mister passar pela porta estreita, pois: "Quem ama a sua vida a perde e quem odeia a sua vida neste mundo guardá-la-á para a vida eterna" (Jo 12,25). Por meio da oposição "amar/odiar", característica da linguagem semítica, destaca-se, assim, a necessidade de morrer para si mesmo, renunciando aos instintos egoístas, não considerando esta vida como um referencial absoluto, sabendo que a existência humana encontra sua realização no serviço e na doação, de acordo com as palavras de Jesus: "Se eu, o Mestre e o Senhor vos lavei os pés, também deveis lavar-vos os pés uns aos outros" (13,14).

1.3. Vida glorificada junto de Deus

Em vários textos do quarto evangelho salienta-se que a vida renovada pela fé no Ressuscitado está em continuidade com a vida bem-aventurada, própria da condição escatológica.

No monólogo após a cura do enfermo na piscina de Betesda, Jesus proclama: "Em verdade, em verdade, vos digo: vem a hora, e é agora, em que os mortos ouvirão a voz do Filho de Deus, e os que a ouvirem, viverão" (5,25) Trata-se dos mortos espirituais, chamados a se regenerar, escutando as palavras de Jesus que são "Espírito e vida" (6,63). Logo depois, a perspectiva amplia-se. Abrange todos os que dormem nos túmulos, isto é, os finados, dizendo que serão julgados segundo a sua conduta terrena e chamados para a vida que não termina em virtude da ação salvadora do Filho: "Vem a hora em que todos os que repousam nos sepulcros ouvirão a sua voz e sairão: os que tiveram feito o bem para uma ressurreição de vida; os que tiveram feito o mal, para uma ressurreição de condenação" (5,28-29). As duas expressões, construídas em paralelismo, com muitos termos em comum, mostram que a existência transformada pela força do amor do Crucificado desemboca necessariamente na vida de ressurreição.

Trata-se do plano salvador de Deus que tem uma abrangência universal. É condicionado, porém, das livres escolhas feitas neste mundo pelo ser humano, que é uma pessoa responsável e não um robô. Por isso, além de "uma ressurreição de vida", fala-se, no texto, de "uma ressurreição de condenação"[17]. O termo

---

17. O autor insiste na universalidade do julgamento e na separação que dele se origina entre os seres humanos (Jo 9,39; Mt 25,46). Cf. BUSSCHE, H. van den, *Giovanni*, 267.

Capítulo 6. ESPERAR

"ressurreição", usado tanto para os justos como para os ímpios, é impróprio e influenciado por Daniel 12,2, em que se lê: "E muitos dos que dormem no pó da terra ressuscitarão, uns para vida eterna, e outros para vergonha e desprezo eterno", porque no Novo Testamento o conceito é sempre reservado aos justos[18]. Por meio dessa formulação, o autor quer destacar que a danação eterna é uma possibilidade que não pode ser negada, porque representa a salvaguarda da liberdade do ser humano, embora, de acordo com a vontade do Pai, o Filho não rejeite ninguém (6,37), nem queira que alguém se perca (6,39).

A continuidade entre a vida santa nesta terra e a vida gloriosa junto de Deus é fruto da circularidade de vida que existe entre o Pai e o Filho, a qual atinge o fiel: "Assim como o Pai, que vive, me enviou e eu vivo pelo Pai, também aquele que me come viverá por mim" (6,57). O Pai dá ao Filho ter a vida em si mesmo como ele, que é Pai, tem a vida em si mesmo (5,26); por isso, o Filho vive pelo Pai (6,57). O Filho, recebendo a vida divina, a transmite aos seres humanos pecadores, fazendo com que possam entrar na comunhão indissolúvel que ele tem com o Pai, compartilhando, desta forma, da mesma vida que procede do Pai. Por isso, os fiéis recebem o dom de viver "para sempre" (6,58), a partir da situação terrena, almejando a plenitude da vida futura. Tudo procede do Pai – nascente de vida inesgotável e perene – e termina no Pai por meio de Jesus que vivifica toda a criação.

1.4. Realidade da morte

Os textos analisados mostram que no evangelho de João se encontram duas escatologias: uma, presente e atualizada, outra, futura. Com toda probabilidade, a comunidade joanina, no começo, viveu na certeza do encontro escatológico com Deus que acontece no fim dos tempos, de acordo com as perspectivas tradicionais do judaísmo e dos sinóticos, pois o ser humano, inteligente e responsável, não pode terminar sua existência no pó do sepulcro, isto é, no nada eterno. Só dessa forma realiza-se o plano de amor incondicional de Deus para a humanidade (3,16).

Refletindo, porém, sobre os dados da revelação, compreende que a vida futura começa desde então, à medida da adesão do fiel ao Ressuscitado que tem o poder de restaurar todas as coisas. Alcança, assim, a firme convicção de que a vida escatológica é preparada pela vida liberta do pecado, vivida neste mundo

---

18. A oposição entre salvação e condenação encontra-se também em João 3,17-18; 14,47.

em comunhão com Jesus. Dá-se conta de que a vida nova, fruto da graça, é da mesma qualidade da vida futura que jamais passará. Seu germe, semeado na existência histórica do cristão, vai amadurecendo plenamente até a vida que não conhece ocaso. Por isso, apesar dos desafios da existência, o salmista declara: "Espera no Senhor! Força e coragem! Espera no Senhor" (Sl 27,14).

A perspectiva joanina permite, assim, considerar com olhos mais serenos o momento da morte. O cristão, como toda pessoa humana, estando na tenda do corpo, geme acabrunhado, porque não quer ser despojado de sua veste, mas revestir outra por cima, querendo que o mortal seja absorvido pela vida (2Cor 5,4). Apesar dessa reação que indica sua fragilidade, deve estar convencido de que a passagem da morte para a vida já aconteceu nesta existência (Jo 5,24d).

O falecimento representa, pois, a passagem, necessária e inevitável, de uma dimensão da existência para outra, ainda desconhecida, mas real, a fim de que o ser humano alcance o objetivo pelo qual foi criado. Liberto dos fermentos negativos, próprios da condição deste mundo, manifestar-se-á em plenitude sua verdadeira personalidade, construída, com a ajuda de Deus, no decorrer desta vida. Por isso Jesus interpreta o óbito como um sono provisório (Jo 11,13), e exorta Pedro a dar glória a Deus, seguindo-o na morte (21,19), porque "ao despertar" Deus o saciará com a sua presença (Sl 17,15).

Sem dúvida, a morte é um momento dramático, mas não pode ser interpretado como uma catástrofe definitiva, na medida em que a pessoa procura viver para autênticos valores humanos e cristãos, em particular deixando-se conformar com Jesus morto e ressuscitado, renunciando ao mal, para participar da glória de quem venceu o mundo. Vivendo dessa forma, o cristão não deveria ter medo da morte, que o acompanhou durante toda sua existência, desde o nascimento, ajudando-o a tomar decisões importantes, a construir sua vida, lembrando-lhe constantemente que o tempo é breve. Além disso, a consideração de que Deus é suma bondade e gratuidade infinita, deveria dar-lhe esperança e fortalecê-lo, embora a entrada na dimensão que ultrapassa todo conhecimento humano determine necessariamente certa insegurança.

Paulo nos lembra: "Ninguém de nós vive e ninguém morre para si mesmo, porque se vivemos é para o Senhor que vivemos, e se morremos é para o Senhor que morremos. Portanto quer vivamos, quer morramos, pertencemos ao Senhor" (Rm 14,7-8). Também o salmista manifesta sua esperança, proclamando: "Não deixarás a minha alma na morte, nem permitirás que o teu santo veja corrupção. Tu me farás ver os caminhos da vida; na tua presença há plenitude de alegria, na tua destra, delícias eternas" (Sl 16,10-11).

2. A casa do Pai

A imagem da casa do Pai, na qual Jesus entra para preparar um lugar para os discípulos, é outra forma com a qual a comunidade joanina expressa sua esperança: "Não se perturbe o vosso coração. Credes em Deus, crede também em mim. Na casa do meu Pai há muitas moradas" (Jo 14,1-2). A palavra "casa" evoca a intimidade da família, o âmbito em que se manifestam os afetos mais profundos, o abrigo protetor (Sr 29,21), necessário para uma vida digna, pois "como o pássaro longe do ninho, assim é o homem longe do lar" (Pr 27,8). O termo corresponde a outras expressões presentes no Novo Testamento que apontam para a habitação celeste, como "céu" (Mt 6,10), "paraíso" (Lc 23,43), "seio de Abraão" (Lc 16,23), "tendas eternas", nas quais os amigos esperam os que os beneficiaram na terra (Lc 16,9). Trata-se de comparações aconchegantes, às quais é possível acrescentar as imagens da "pátria celeste" (Hb 11,16), da "cidade que tem bons fundamentos, da qual o artífice e construtor é Deus" (Hb 11,10), que servem para descrever a mansão definitiva, na qual o ser humano gozará de segurança e de paz, vivendo uma vida de relação e de amor na grande família de Deus.

"Casa", em João, pode designar também o "templo" (*hierón*), qualificado por Jesus como "a casa de meu Pai"[19], do qual são expulsos os vendilhões (2,16). Em particular, indica o "santuário" (*naós*), que será levantado em três dias, após a sua destruição, como salienta Jesus, aludindo ao evento pascal, declarando que o espaço definitivo e mais sagrado do culto não será mais uma construção terrena, mas o seu próprio corpo glorificado (Jo 2,19.21; 11,48)[20].

A casa do Pai, na qual Jesus introduz os fiéis, pode ser interpretada, então, como o templo que é a sua pessoa transfigurada, ao redor da qual se reúnem os redimidos[21]. Todos os santos, unidos ao Ressuscitado, constituem o templo celestial, edificado sobre o fundamento dos apóstolos e dos profetas, cuja pedra angular é o próprio Cristo (Ef 2,20). Trata-se de uma linguagem figurada, porque, como realça o Apocalipse, as colunas desse santuário divino (*naós*) se identificam com os que neste mundo venceram o poder do mal (Ap 3,12) e na demora definitiva não haverá mais santuário, porque o verda-

---

19. A palavra *oikía*, em João 14,2, em lugar do termo *oikós* (2,16.17), realça a comunhão entre os membros da família. Cf. McCAFFREY, J., *The House with many Rooms, The Temple theme of Jn.* 14,2-3, Roma, Pontificio Istituto Biblico, 1988, 29-46.
20. O quarto evangelista usa o termo *hierón* para falar do Templo em geral (Jo 2,14.15), mas qualifica o corpo ressuscitado de Jesus de *naós*, que corresponde à parte mais sagrada do Templo, isto é, ao sacrário (2,19.21).
21. Pronunciando essas palavras, Jesus manifesta-se implicitamente como o Messias a quem a tradição judaica atribui a construção do templo escatológico.

deiro santuário será o próprio Deus e o Cordeiro (Ap 21,22). A apresentação joanina realça, assim, que somente por meio do simbolismo é possível falar das realidades transcendentes.

Jesus assegura que na casa do Pai há "muitas moradas" (*monai*), destinadas aos eleitos, em particular aos discípulos que, perturbados (*tarássein*) pelo anúncio da próxima paixão, são convidados a ficarem firmes na fé em Deus e nele (Jo 14,1-2). Usa-se a palavra "morada", característica da literatura apócrifa judaica, apontando para as residências celestes dos justos que Deus prepara no mundo renovado[22]. A afirmação não deve ser interpretada como se, na casa do Pai, exista uma hierarquia de lugares de descanso, que correspondem a graus diferentes de bem-aventuranças, de acordo com o nível de santidade alcançado por cada ser na vida terrena. A expressão, de cunho popular[23], quer destacar que, na habitação celeste, há lugar para todos, porque, no Novo Testamento, falta qualquer ideia de condições diferentes entre os salvos, correspondentes aos méritos. O próprio Jesus manifesta o simples desejo de que, na vida gloriosa, os discípulos estejam junto dele e do Pai – "estejam em nós" –, transfigurados pelo mistério de Deus que é Amor, "como tu Pai estás em mim e eu em ti" (17,21). Cada pessoa, então, é bem-vinda na casa do Pai.

No encontro beatificador com Deus, a identidade de cada ser humano não será apagada, mas purificada e enriquecida, alcançando sua plenitude em correspondência com a sua existência terrena, para o gáudio de todos. Com efeito, a vida bem-aventurada será caracterizada por uma comunhão sempre renovada com todos os eleitos, com a criação e com Deus, na variedade e na riqueza de todos os seres e culturas, redimidos pelo sangue do Cordeiro, chamados a entrarem no reino do Pai por caminhos diferentes[24].

2.1. Partida e retorno de Jesus

A entrada do fiel na casa do Pai está relacionada com a partida de Jesus que abre para todos a estrada da salvação. Jesus fala da sua morte com a metáfora da viagem, apresentando-a como um êxodo para a casa do Pai: "Quando eu for e vos preparar um lugar, virei novamente e vos levarei para junto de mim, para que, onde eu estou, estejais vós também". Jesus age em relação aos seus discípu-

---

22. SCHNACKENBURG, R., *Il vangelo di Giovanni*, v. III, Brescia, Paideia, 1981, 101-102, faz referência a *1 Henoc* 22; 39,4-5; 41,2; 71,16 e ao *Livro dos segredos de Henoc* 61,2-3.
23. No *Livro dos segredos de Henoc* 61,3 afirma-se: "No grande século [no mundo do além], muitos refúgios são preparados para o homem: moradas ótimas, moradas ruins, inumeráveis". Cf. LÉON-DUFOUR, X., *Leitura*, v. III, 68.
24. Na cidade eterna encontrar-se-á "a glória e o tesouro das nações" (Ap 21,26).

Capítulo 6. ESPERAR

los com o mesmo afeto com que Deus trata o seu povo no deserto, marchando à sua frente e procurando-lhe "um lugar" para acampar (Dt 1,33). Enfrenta, então, uma viagem de ida, mas haverá também uma viagem de volta.

A ida de Jesus para o Pai verifica-se através do sacrifício da cruz, que representa o cumprimento do eterno desígnio de amor de Deus, necessário para a redenção da humanidade. Corresponde à sua glorificação[25], pois, em João, a morte de Jesus está em estreita relação com a sua exaltação junto de Deus.

Várias vezes Jesus expressa o desejo de que onde ele estiver, aí também esteja o seu servo (12,26), realçando que a comunhão estabelecida com ele na terra não pode ser rompida. Esse anseio manifesta-se com particular intensidade na hora da paixão: "Pai, aqueles que me deste quero que, onde eu estou, estejam comigo, para que vejam a minha glória" (17,24).

Jesus promete, assim, retornar – "venho novamente e vos levarei comigo" – para introduzir os fiéis na mansão definitiva (Jo 14,3). Com essas palavras, aponta para o evento da ressurreição, realizando a expectativa que, desde sempre, anima a comunidade cristã[26]. Como a de Jesus, também a morte dos discípulos é apresentada como uma viagem. Nesta passagem enigmática, não estão sozinhos, porque a cumprem com Jesus, que vem novamente visitá-los para levá-los consigo, manifestando sua presença amorosa nos momentos mais cruciais da existência[27]. Entra, assim, definitivamente na casa do Pai "conduzindo muitos filhos à glória" (Hb 2,10), que formam com ele uma pessoa corporativa[28]. Foi notado que a frase "levar consigo" (*paralambánein*), rara em João (Jo 1,11; cf. 19,16), aponta para uma dádiva que alguém recebe gratuitamente. Nesse caso, pode indicar que os fiéis representam o dom que o Pai faz a Jesus, para que sejam introduzidos na habitação eterna, não construída por mãos humanas (6,39; 17,24)[29].

---

25. Trata-se da mútua glorificação, pois Jesus realiza o plano do Pai, fazendo, por amor, a oferta total da sua vida, e o Pai o deixa totalmente livre, permitindo-lhe o holocausto total, movido por seu amor incondicional para com ele.
26. Paulo, pensando que a vinda de Jesus estava próxima, distingue entre os que ainda estão vivos e os já falecidos no momento da grande manifestação do Senhor, expressando-se com a roupagem literária da apocalíptica da época, que falta totalmente em João: "Os mortos em Cristo ressuscitarão primeiro, em seguida nós, os vivos que estivermos lá, seremos arrebatados com eles nas nuvens para o encontro com o Senhor" (1Ts 4,16-17).
27. SCHNEIDER, J., Érchomai, in: *Grande Lessico del Nuovo Testamento*, v. III, Brescia, Paideia, 1967, 913-964, especialmente 926-935.
28. Jesus aponta para o seu encontro definitivo com Deus, dizendo aos judeus: "Para onde eu vou, não podeis ir" (Jo 7,34; 8,21). As palavras dirigidas a Pedro: "Não pode seguir-me agora aonde vou, mas me seguirás mais tarde", têm o mesmo sentido (13,36).
29. MCCAFFREY, J., *The House with many Rooms*, 116-120.

Sem dúvida, Jesus virá novamente na hora da morte de cada ser. Não se trata, porém, da sua única vinda, porque, enquanto ressuscitado, vem constantemente na história humana, falando ao coração dos que sabem escutar a sua voz. Com efeito, ele mesmo realça: "Não vos deixarei órfãos; eu venho (*érchomai*) a vós" (14,18), com o tempo no presente, num contexto que não é o da última hora[30]. O verbo "vir" não se refere, assim, somente à vinda escatológica de Jesus, mas aponta para as visitas, que ele faz aos seus no decorrer da história, com a finalidade de oferecer a todos a possibilidade de serem salvos por ele; de fato, quando o mundo não mais me verá, "vós vereis que (*hoti*) eu vivo e que também vós vivereis" (14,19)[31].

Também a declaração de que ele e o Pai estabelecerão a sua "morada" naqueles que o amam e guardam sua palavra (14,23) permite pensar que Jesus visita os discípulos não apenas no momento da morte. De fato, o uso do mesmo termo "morada", tanto para as moradas eternas (*monaí*) como para a habitação (*moné*) de Jesus e do Pai no coração dos fiéis, indica que o Pai e o Filho, sob o véu misterioso da fé, estão presentes na vida dos que vivem na história. Trata-se da presença misteriosa no íntimo de quem acredita, pela mediação do Espírito Santo que continua a obra de Jesus ao longo dos séculos (16,13).

A vinda escatológica de Jesus, na hora da páscoa definitiva, será, então, a coroação de todas as suas repetidas visitas na existência terrena de cada ser, convidando-o a dar uma resposta sempre mais concreta e livre ao mistério de graça que brota da cruz. À medida de suas opções, o fiel torna-se preparado para a viagem que leva para a vida bem-aventurada.

A certeza de que o destino do ser humano é ir morar na casa do Pai não é alcançável pela pura razão, mas é razoável, porque respeita profundamente os anseios que constituem a estrutura básica da sua existência, vinculada ao mistério de Deus. Trata-se de um dom totalmente gratuito, de uma convicção de fé que constitui o alicerce da vida cristã, oferecendo-lhe um sentido digno (1Cor 15,13-14).

2.2. Jesus, único caminho

Jesus termina as palavras referentes a ir morar na casa do Pai dizendo: "Para onde eu vou, conheceis o caminho". Respondendo à pergunta de Tomé: "Se-

---

30. Várias vezes, nas versões vernáculas, o verbo grego é traduzido com o futuro. Nos sinóticos, a vinda escatológica de Jesus é um evento futuro (Mt 25,31; 26,64; Mc 13,19.26; Lc 21,35).
31. De acordo com LÉON-DUFOUR, X., *Leitura*, v. III, 89, é melhor dar à preposição grega *hóti* do versículo um valor declarativo ("que") do que um valor causal ("porque").

Capítulo 6. ESPERAR

nhor não sabemos para onde vais. Como podemos conhecer o caminho?", declara ser ele o caminho: "Eu sou o caminho, a verdade e a vida" (Jo 14,6)³².

A frase não significa que Jesus é o caminho que leva à verdade e à vida, porque ele mesmo é a verdade e a vida, sendo a plenitude da revelação do Pai e a fonte da vida que renova o universo. Afirma-se, sinteticamente, que Jesus revela a verdade que conduz à vida, comunicando essa vida aos que acreditam nele; por isso, torna-se o caminho que leva ao Pai, cujo encontro representa a perfeita realização da existência humana e a feliz conclusão da "aventura" cristã.

Acrescentando: "Ninguém vem ao Pai a não ser por mim" (v. 6b), Jesus deixa entender que ele já chegou junto do Pai e pode indicar ao ser humano as veredas certas pelas quais é preciso caminhar³³. Pelo fato de ter uma recíproca e única relação com o Pai (vv. 10.11), pode apresentar-se a si mesmo como a única porta, como o autêntico mediador que possibilita à humanidade entrar na casa do Pai. A salvação do mundo depende dele que é o Verbo encarnado.

A explicação do versículo, feita por Agostinho, é penetrante: "Antes de dizer aonde deves ir, mostrou por onde deves seguir. 'Eu sou' – diz ele –, o caminho'. O caminho para onde? 'Eu sou a verdade e a vida'. Disse primeiro por onde deves seguir e só depois disse aonde deves ir. Eu sou o caminho, eu sou a verdade, eu sou a vida. Permanecendo junto do Pai, era verdade e vida; revestindo-se de nossa carne, tornou-se o caminho"³⁴.

3. Seremos semelhantes a ele

Também na primeira carta de João³⁵, a esperança é a estrela luminosa que orienta a vida dos fiéis, que já são filhos de Deus, destinados a serem glorificados por Deus além de todas as previsões humanas:

---

32. O tema do "caminho" é muito desenvolvido no Antigo Testamento. Deus indica o caminho aos filhos de Israel para que possam chegar à terra prometida (Ex 13,17-18); aliás, anda adiante deles, de dia, numa coluna, de nuvem, e de noite, numa coluna de fogo (v. 21). Uma vez estabelecidos na terra, lhes mostra o verdadeiro caminho de Deus que é a *Torah*. Desejando viver segundo a vontade de Deus, o povo pede com o salmista: "Faze-me saber os teus caminhos, Senhor; ensina-me as tuas veredas" (Sl 25,4), pois os caminhos de Deus são diferentes daqueles dos homens (Is 55,8).
33. LÉON-DUFOUR, X., *Leitura*, v. III, 74.
34. AGOSTINHO, *Comentário do Evangelho de São João* 34, 9 (Patrologia Latina 35, 1656).
35. O documento não é uma carta, mas uma homilia batismal na qual se critica a heresia do docetismo, que cria divisões entre os fiéis, pois recusa a encarnação do Verbo, pensando que o corpo de Jesus de Nazaré seja mera aparência.

Vede quão grande amor nos deu o Pai para sermos chamados filhos de Deus. E nós o somos. Por isso, o mundo não nos conhece, porque não o conheceu. Caríssimos, desde já somos filhos de Deus, mas ainda não se manifestou o que seremos. Sabemos que quando se manifestar, seremos semelhantes a ele, porque o veremos tal como ele é (1Jo 3,1-2).

A frase bastante sintética exige uma explicação detalhada.

3.1. A realidade de filhos

O autor manifesta seu estupor e sua maravilha, constatando que o amor de Deus faz dos seres humanos seus filhos. O verbo "vede", no imperativo plural, com o qual começa a frase, encontra-se poucas vezes no Novo Testamento, sempre com a função de afirmar que algo inesperado e imprevisível aconteceu[36]. Trata-se de um anúncio que abre perspectivas nunca imaginadas, que merece toda confiança.

Fazendo do pecador um filho querido, Deus manifesta toda sua incomensurável magnanimidade, superior a tudo o que se pode cogitar neste mundo. Por parte do fiel, esta situação acarreta "nascer do alto" (Jo 3,3.7) e "ser gerado pelo Espírito" (3,5.6.8), através da mediação de Jesus. O novo nascimento começa com o batismo, que é o sacramento da fé, mas deve se desenvolver, produzindo frutos na história de cada pessoa, porque se trata de um dom dinâmico e transformador[37].

Dizendo aos membros da comunidade: "Somos chamados filhos de Deus", o autor não quer lhes atribuir um título extrínseco ou convencional, porque a expressão "ser chamados" corresponde simplesmente a "ser", como indicam vários casos do uso do verbo no Novo Testamento[38]. A frase conclusiva "e o somos" realça a verdade da afirmação, da qual cada cristão pode fazer a expe-

---

36. Jesus ressuscitado convida os discípulos incrédulos a verem os sinais da paixão: "Vede minhas mãos e meus pés: eu sou" (Lc 24,39; cf. Mt 28,6). Igualmente os pregadores do evangelho anunciam aos fiéis descrentes de Antioquia da Pisídia que se realizou a justificação dos pecados pelo sacrifício da cruz, dizendo: "Vede, desprezadores [...] Porque em vossos dias vou fazer uma obra na qual não acreditaríeis se não tivesse sido testemunhada" (At 13,41). De forma semelhante, a Samaritana solicita os seus conterrâneos, declarando: "Vinde ver um homem que me disse tudo o que fiz" (Jo 4,29).

37. Na língua grega, o começo da vida cristã é indicado com o verbo no tempo aoristo (*gennēthê*, Jo 1,13; 3,3.4; 1Jo 5,18), e o seu desenvolvimento a partir do batismo, com o verbo no tempo perfeito: "O que nasceu (*gegenneménon*) da carne é carne, o que nasceu do Espírito é espírito" (Jo 3,6.8; 1Jo 2,29; 3,9; 4,7; 5,1.4.18).

38. O anjo Gabriel declara que Jesus será chamado "Filho do Altíssimo", "Filho de Deus" (Lc 1,32.35); seu sentido é que ele o será realmente cf. 1 Coríntios 15,9; Hebreus 3,13.

Capítulo 6. ESPERAR

riência, constatando a mudança radical que aconteceu nele, após sua adesão sincera ao Ressuscitado. O autor tem plena certeza do que escreve, manifestando sua convicção indubitável que gera paz nos fiéis da sua comunidade e estimula o seu testemunho (At 2,32; 3,15)[39]. A consciência da filiação divina deve necessariamente ser acompanhada por um consentimento pessoal, renovado no tempo, junto com o desejo firme de obedecer às moções interiores que vêm do alto, rejeitando todo modo de proceder do homem velho. O amor soberano de Deus, que não faz acepção de pessoa, oferece a todos a possibilidade de uma vida nova, à medida que os seres humanos se deixam purificar pelo Espírito, entrando numa relação pessoal e renovadora com o Pai (Jo 1,12).

Na carta, o autor menciona os sinais concretos dessa filiação real e, ao mesmo tempo, misteriosa[40]: caminhar na luz da revelação (1Jo 1,7), guardar os mandamentos (2,3.4; 3,22), andar como Jesus andou (2,6), praticar a justiça (2,29; 3,7.10), amar os irmãos (3,10.16; 4,7), não pecar (3,6.8.9). Trata-se de expressões que realçam a necessidade de ficar fiéis a Jesus vivo que opera na história. Portanto, é necessário "examinar os espíritos para ver se são de Deus" (1Jo 4,1), reconhecendo que, nesse mundo complexo e problemático, os "filhos do diabo" são muitos (3,10).

3.1.1. Filiação divina e ódio do mundo

Os membros da comunidade joanina têm consciência da sua pertença a Deus e da sua comunhão com ele. Por isso, diante dos falsos profetas que ameaçam a Igreja, podem proclamar: "Nós somos de Deus" (1Jo 4,6; 5,19)[41]. Deixando-se envolver pela relação de amor que existe entre o Filho e o Pai, têm uma visão nova da realidade, proporcionada pela fé, o desejo de uma vida santa, vivida com desapego e amor, cheia de confiança na misericórdia do Pai e de esperança no mundo futuro. Por causa da fragilidade humana, têm conhecimento de trazer esse tesouro "em vasos de argila" (2Cor 4,7), cientes, contudo, de que "o que se vê é transitório, mas o que não se vê é eterno" (2Cor 4,18).

---

39. Cf. João 8,33; 9,28; 1 João 2,5; 3,19; 4,6; 5,19.20.
40. Cf. PASQUETTO, V., Il lessico antropologico del Vangelo e delle Lettere di San Giovanni, *Teresianum*, v. 47 (1996-1997) 493-535.
41. Para falar da filiação do cristão, o autor da carta usa léxico da "geração" (*gennân*, Jo 1,13; 1Jo 2,29; 3,9; 4,7; 5,1.4.18) e a fórmula sintética "ser de Deus" (*einai ek*, Jo 8,47; 1Jo 3,10; 4,4; 3Jo 11), além das expressões "estar em" (*einai en*, Jo 17,21; 1Jo 2,5; 5,20) e "permanecer em" (*ménein en*, Jo 15,10; 1Jo 2,24; 3,24; 4,13.16).

Explica-se, então, o porquê de o cristão autêntico ser vilipendiado e hostilizado por todos aqueles que não conhecem Jesus e consideram sua mensagem como uma ameaça à autonomia pessoal e à liberdade (1Jo 3,1b). O repúdio é indicado com os termos "ódio" e "perseguição" (Jo 15,18-25), porque o mundo que vive "sob o poder do Maligno" (1Jo 5,19), no qual tudo é "concupiscência da carne, concupiscência dos olhos e orgulho da riqueza" (2,16), prefere as trevas à luz, ouve com prazer os que falam de acordo com as suas perspectivas (1Jo 4,5), mas contrasta com toda energia os que se lhe opõem (3,13), pois não conheceu Deus como Pai, nem Jesus como Filho.

A apresentação, marcada pelo dualismo joanino, impede qualquer menção a possíveis conversões. O mundo e os que vivem na fé de Jesus, Verbo de Deus, representam duas esferas opostas entre as quais falta qualquer relação. Os cristãos são chamados a viver no mundo, sem terem a mentalidade mundana, agindo com critérios diferentes e promovendo valores diferentes, suportando, muitas vezes, a acusação de atuar contra a estabilidade ou o progresso da sociedade (Jo 17,14-16), cientes, porém, de que a fé derrota toda presunção humana (Jo 16,33; 1Jo 4,4).

3.1.2. Filiação do cristão e filiação de Jesus

Embora o termo "filho" seja aplicado a quem acredita em Jesus e recebe o batismo, o evangelista está ciente da grande diferença entre a filiação do discípulo e a filiação do próprio Jesus (Jo 3,16). Por isso, o fiel é qualificado com a palavra grega *téknon* (11,52) e Jesus com o vocábulo *hyiós*, realçando, dessa forma, que o cristão é filho de adoção e por participação, enquanto Jesus é o Filho por natureza, consubstancial com o Pai, tendo com ele uma relação exclusiva[42].

A distinção aparece também nas palavras que Jesus dirige a Maria Madalena por ocasião da aparição pascal: "Subo ao meu Pai e vosso Pai, a meu Deus e vosso Deus" (20,17), nas quais se salienta que sua relação com o Pai e com Deus é diferente daquela dos discípulos. Por isso, nunca se encontra no quarto evangelho a expressão "nosso Pai". Só Jesus, enquanto "o Santo de Deus", goza de uma unidade de ser e de agir com o Pai, totalmente inconcebível para um ser criado.

---

42. O termo *téknon* encontra-se em João 1,12; 11,52; 1 João 3,1.2.10; 5,2, enquanto *hyiós*, referido somente a Jesus, aparece em João 1.18.34.49; 3,16.17.18.35.36; 5,19.20; 10,36; 17,1; 20,31; 1 João 1,3; 2,22.23; 3,8; 4,9.15; 5,5.9.10.12.13.20. O evangelista qualifica os cristãos de "filhos (*hyioí*) da luz" apenas em João 12,36.

3.2. O que seremos

Afirmar que o cristão, já nessa vida, é filho de Deus, é apenas considerar o avesso do bordado, dizendo que nele há um segredo que ainda não se revelou, pois aparecerá só no pleno cumprimento do desígnio de Deus. Repetindo aos seus ouvintes – qualificados de "amados" por parte do autor da carta e por parte de Deus[43] – "desde já somos filhos de Deus, mas o que nós seremos ainda não se manifestou" (1Jo 3,1.2), o evangelista manifesta a certeza de que o cristão vive numa situação inicial que aponta para um desfecho desconhecido. A sequência dos termos "já" e "ainda não" anima a esperança, afirmando que a perspectiva escatológica faz parte integrante da vivência cristã, pois, sem ela, o anúncio evangélico ficaria esvaziado e a existência não teria um sentido satisfatório e completo[44].

"O que seremos" depende exclusivamente da ação benevolente de Deus, sempre operante nas vicissitudes humanas. À luz dessa convicção e iluminado pelo Espírito, o autor anuncia o que vai acontecer no "além", proclamando: "Sabemos que por ocasião da sua manifestação seremos semelhantes a ele"[45]. O pronome pessoal "ele" refere-se a Deus, porque Deus-Pai é o sujeito principal de todo o trecho. Qual é o sentido da expressão em si inaudita e, ao mesmo tempo, confortadora?

O adjetivo "semelhante" (*hómoios*) é usado no Novo Testamento para ajudar a entender, por meio da analogia, uma realidade difícil de ser compreendida, propondo uma comparação que deve estimular a passar de um plano de significação para outro[46]. Por meio dele, os sinóticos procuram explicar o que é o reino de Deus (Mt 13,31.33.44.47.52), o modo de proceder da geração de Jesus que nunca atua de forma correta (Lc 7,31-32). Em particular, no Apocalipse, as realidades divinas são apresentadas fazendo constantes comparações com entidades humanas, para que o leitor possa entender algo do mundo de Deus que o sobrepuja[47]. O termo "semelhante" torna-se, assim, evocativo, fazendo alusão ao que não pode ser objeto direto da experiência humana. Afirma-se, dessa forma, que os redimidos serão próximos de Deus, parecidos com ele, transfigurados por ele, partícipes da santidade de Deus, "divinizados", como salientam os

---

43. Cf. 1Jo 2,7; 3,2.21; 4,1.7.11; 3Jo 1.2.5.11.
44. A expressão "ainda não" (*oúpo*) aparece em João 2,4; 7,30.39; 8,20; 20,17.
45. Dizendo "sabemos", usando o verbo *oída*, o autor, em nome da comunidade joanina, mostra sua plena certeza acerca do projeto de Deus (Jo 4,25; 9,25).
46. A comunidade joanina usa o termo *hómoios* em João 8,55; 9,9; 1 João 3,2.
47. Cf. Apocalipse 1,13.15.18; 4,3.7; 9,7; 13,2.4; 14,14; 21,11.18.

Padres da Igreja, falando do cumprimento escatológico[48]. O anúncio joanino é impactante e mais surpreendente do que o de Lucas, o qual, querendo destacar que a vida junto de Deus será de qualidade diferente da existência humana, compara os filhos da ressurreição com os anjos (*isággeloi*, Lc 20,36); com efeito, há uma grande diferença entre ser semelhantes a Deus ou aos anjos[49].

Com uma linguagem metafórica, o autor salienta, assim, que a entrada no mundo de Deus acarreta uma transformação radical do ser humano, respeitando, porém, sua identidade particular. Haverá uma mudança na continuidade. Com efeito, como afirmam os autores do Novo Testamento, a vida humana não é tirada, mas transformada, e o que é mortal será renovado e glorificado. Uma rica terminologia aponta para o que será a existência resgatada por Jesus. Além dos termos "ressurgir" (*egeírein*) e "levantar-se" (*anistánai*) que se encontram em João[50], fala-se de "arrebatamento" (*harpázein*, 1Ts 4,17), de "ser tragado pela vida" (*katapínein*, 2Cor 5,4), de "transfiguração" (*metamorphein*, 2Cor 3,18), de "transmutação" (*metaschematízein*) do corpo humilhado em corpo conformado ao corpo glorioso de Cristo (Fl 3,21)[51]. A multiplicação das expressões indica a dificuldade de definir com exatidão qual será a condição dos redimidos, chamados a participarem da glória, alcançando a plenitude do seu ser[52].

3.3. O veremos tal como ele é

A frase: "Pois o veremos tal como ele é" salienta o motivo pelo qual seremos semelhantes a Deus. Para o homem, que vive nesta terra, ver a Deus é algo impossível porque Deus, o três vezes santo (Is 6,3), é fogo devorador (Ex 24,17),

---

48. BASÍLIO DE CESAREIA, *Tratado sobre o Espírito Santo* 9,23, São Paulo, Paulus, 1999, 116 (Patrologia Grega 32,110).
49. No Novo Testamento, o adjetivo *isos* pode significar igualdade completa, como a retribuição dada aos operários, chamados a trabalhar na vinha do Senhor em diversas horas do dia (Mt 20,12). Jesus se faz igual (*ison*) a Deus, dizendo ser Deus seu próprio Pai (Jo 5,18). Cf. 2 Coríntios 8,13.14; Filipenses 2,6.20; 2 Pedro 1,1.
50. No evangelho de João, fala-se de "ressurgir" em 2,22; 5,8.21 e de "levantar-se" em 6,39. 40.44.54; 11,23-25; 20,9.
51. Para ajudar a entender melhor o que se verificará na passagem para o mundo de Deus, Paulo usa uma comparação: "O que semeia não é o corpo da futura planta que deve nascer, mas um simples grão, de trigo ou de qualquer outra espécie. A seguir, Deus lhe dá corpo como quer; a cada uma das sementes ele dá o corpo que lhe é próprio" (1Cor 15,37-38). Entre o grão e a espiga há continuidade, mas também diferença.
52. O evangelista toma distância da visão neoplatônica da imersão final de todos os seres no "Uno", no Princípio primeiro de todas as coisas, do qual tudo emana, negando toda distinção entre o Absoluto e a pessoa, como acontece em várias filosofias inspiradas no gnosticismo.

Capítulo 6. ESPERAR

mistério inacessível, e ninguém pode ver a sua face e continuar vivo (33,20)[53]. Por isso, o pedido de Moisés que, no caminho do deserto, roga a Deus: "Mostra-me a tua glória" (v. 18), desejando algo a mais do que ouvir a sua voz, não pode ser satisfeito, embora o libertador de Israel goze de uma familiaridade especial com Deus e fale com ele "face a face, como um homem fala com o seu amigo" (v. 11)[54]. Deus o coloca numa fenda do rochedo e, quando a sua glória passar, estende sua mão sobre ele; por isso, Moisés pode ver a Deus somente pelas costas. Com expressões antropomórficas, o autor bíblico destaca a distância infinita entre o Senhor do universo e o homem pecador, pois a visão de Deus pode acontecer somente na cidade celeste, onde se encontra o trono de Deus e do Cordeiro. Lá os seus servos "verão sua face" (Ap 22,4), vivendo uma vida de comunhão com ele.

Com efeito, na situação terrena, vemos como em um espelho e de maneira confusa, mas na escatologia veremos "face a face" (1Cor 13,12). Os limites da natureza física serão superados e o mistério de Deus será, de certa forma, desvendado, permanecendo, todavia, sempre mistério, pois o ser humano, embora elevado à dignidade de filho glorificado, continuará sendo criatura, então sempre um ser finito e, como tal, incapaz de abraçar a infinidade de Deus.

A visão beatífica acontecerá pela mediação de Jesus morto e ressuscitado, que é por excelência o dom salvífico de Deus feito à humanidade, como o autor lembra também nesse trecho por meio da expressão "vede quão grande amor o Pai nos *deu*" (1Jo 3,1), na qual o verbo "dar" se refere à doação que o Filho unigênito fez de si mesmo na cruz, segundo o desígnio de Deus. Também o Apocalipse realça que a glória de Deus, que brilhará sobre os santos, terá como "lâmpada" o Cordeiro (Ap 21,23). No encontro definitivo com Deus, Jesus continuará sendo o mediador e todos os salvos, ao redor dele, formarão o seu corpo glorificado, sendo ele "o Primogênito entre muitos irmãos" (Rm 8,29; Jo 20,17; Mt 28,10)[55].

A entrada definitiva na glória determinará, assim, nos redimidos, uma conformação a Deus que vai além de toda imaginação humana, pois o nome

---

53. Cf. Levítico 16,2; Números 4,20. A visão de Deus, sem a morte, gera estupor e agradecimento (Gn 32,31; Dt 5,24), despertando um sentimento de temor religioso que realça a grandeza de Deus (Jz 6,22-23; 13,22; Is 6,5). Trata-se de uma experiência particularíssima, não de uma visão física.
54. Cf. Números 12,7-8; Deuteronômio 34,10.
55. Na primeira carta, o anúncio de que o ser humano é chamado a ser semelhante a Deus é acompanhado pela exortação a entrar num caminho de purificação: "tudo o que nele tem esta esperança, purifica a si mesmo como também ele é puro" (1Jo 3,3). O objetivo, nunca alcançável plenamente, é aproximar-se de Jesus que é "puro" por excelência (*hagnós*).

de Deus "estará sobre as suas frontes" de modo perene (Ap 22,4), enquanto sinal de pertença definitiva a Ele[56].

Em que consiste essa conformação? Levando em conta que "Deus é amor", os resgatados serão transfigurados pelo amor, aprendendo, de verdade, a amar, coisa impossível de se realizar plenamente nesta existência terrena. A vida eterna será, então, uma vida de amor, uma explosão de amor, tanto em relação a Deus, como aos irmãos e à criação, também transfigurada, pois faz parte do projeto criador, no qual tudo está interligado. Todos os seres são chamados a essa comunhão de amor, porque Jesus resgata para Deus "homens de toda tribo, língua, povo e nação" (Ap 5,9).

Essa bem-aventurança eterna começa com a entrada de cada redimido na casa do Pai, mas alcança sua perfeição no final dos tempos, quando o número dos salvos for completo e o plano universal do amor de Deus se realizar em sua totalidade. O júbilo de um será a causa da alegria de todos.

4. Na espera de Jesus ressuscitado

A comunidade joanina vive no aguardo da segunda vinda de Jesus. No último capítulo do evangelho, anunciando a sorte do discípulo amado, Jesus, dirigindo-se a Pedro lhe diz: "Se quero que ele permaneça até que eu venha, que te importa? Segue-me tu"[57] (Jo 21,22.23). A frase, baseada provavelmente numa autêntica palavra de Jesus ou numa tradição muito antiga, não foi bem entendida pelos membros da comunidade, levando a pensar que o discípulo não morreria[58]. "Permanecer", entretanto, não indica somente a continuidade da vida física, mas também o valor de um empreendimento que dura no tempo; nesse caso, do trabalho de interpretação da pessoa de Jesus, feita pelo evangelista, que ilumina os séculos. Sua relevância é indicada pelo verbo "quero", colocado nos lábios de Jesus, destacando que a obra do discípulo amado e da sua comunidade corresponde aos desígnios de Deus[59].

Dizendo "até que eu venha", Jesus foca a atenção no momento escatológico para o qual está projetada a existência cristã. O detalhe indica que a Igreja

---

56. Na situação terrena, a "fronte" é a parte da pessoa que todos podem ver.
57. O convite para seguir Jesus, feito a Pedro, corresponde a segui-lo na morte, com a qual o discípulo dará glória a Deus (21,19).
58. A longevidade do quarto evangelista é uma tradição duvidosa.
59. Qualificando o discípulo amado como "aquele que dá testemunho" (*ho martyrón*), com o tempo presente, o redator final do evangelho destaca o valor sempre atual do seu anúncio (Jo 21,24).

Capítulo 6. ESPERAR

joanina vive na expectativa do encontro com o Ressuscitado, ciente de que, com o seu advento, o mistério que envolve a vida humana será revelado[60].

Também o autor da primeira carta, diante do perigo das heresias, exorta os fiéis a ficarem fiéis a Jesus, esperando sua volta: "Agora, filhinhos, permanecei nele, para que, quando ele se manifestar, tenhamos plena confiança e não sejamos confundidos, longe dele na sua parusia" (1Jo 2,28). Usa a palavra "parusia", característica do helenismo grego, que significa "vinda", "advento", "presença", referida, no mundo profano, à visita do soberano ou de um alto funcionário aos habitantes de um território (3Mc 3,17).

Embora nos escritos joaninos apareça uma só vez, o termo "parusia" faz parte da linguagem corriqueira dos cristãos da primeira geração com o qual se designava a volta escatológica de Jesus em sua glória messiânica e a conclusão da história da humanidade (1Ts 2,19; 2Ts 2,8)[61]. A vida humana, então, é interpretada como uma preparação para esse desfecho bem-aventurado. A expectativa do Ressuscitado é realçada, de forma particular, no epílogo do Apocalipse, em que o próprio Jesus assegura: "Eis que eu venho em breve" (Ap 22,7.12.20a). A comunidade, repleta de fé e de fervor, sustentada pelo Espírito Santo, suplica "vem Senhor Jesus" (v. 20), com uma frase que corresponde à expressão aramaica, usada nas liturgias primitivas: "Marana tha" (1Cor 16,22).

A certeza da vinda de Jesus, que se verifica na passagem de cada ser para a casa do Pai, deve acordar os fiéis adormecidos, aumentar sua coragem, lembrando-lhes que uma existência cristã genuína deve produzir frutos. Como realça o Concílio Vaticano II,

> a expectativa da nova terra não deve enfraquecer, mas antes ativar a solicitude em ordem a desenvolver esta terra, onde cresce o corpo da nova família humana, que já consegue apresentar uma certa prefiguração do mundo futuro [...]. Todos os valores da dignidade humana, da comunhão fraterna e da liberdade, fruto da natureza e do nosso trabalho, depois de os termos difundido na terra, no Espírito do Senhor e

---

60. No sermão após a ceia, Jesus promete "venho novamente" (14,3), frase que está em relação com "até que eu venha", no final do evangelho (21,22).
61. OEPKE, A., Parousia, in: *Grande lessico del Nuovo Testamento*, v. IX, Brescia, Paideia, 1974, 839-878, especialmente 862, realça que, no mundo hebraico, não há palavras que correspondem aos vocábulos abstratos de "presença", "chegada", que traduzem o termo *parusia*. Fala-se do "dia do Senhor" que vem (Jl 2,1), afirma-se que "o ano da redenção" chegou (Is 63,4), que o fim está próximo (Lm 4,18), que Deus está presente nas vicissitudes do seu povo (Sl 140,7-9). Isso mostra que o conteúdo essencial da palavra *parusia*, embora helenística, se encontra no Antigo Testamento. Nos escritos evangélicos, equivale à expressão "consumação dos tempos" (Mt 24,3.27.39).

segundo o seu mandamento, voltaremos de novo a encontrá-los, mas então purificados de qualquer mancha, iluminados e transfigurados, quando Cristo entregar ao Pai o reino eterno e universal: "reino de verdade e de vida, reino de santidade e de graça, reino de justiça, de amor e de paz"[62].

Como diz Papa Francisco, no nosso mundo "tudo nasce para florescer numa eterna primavera"[63].

---

62. Concílio Vaticano II, *Gaudium et Spes*, § 39.
63. Papa Francisco, *Audiência geral* de 20 de setembro de 2017.

PARA CONCLUIR

"Ó abismo da riqueza, da sabedoria e da ciência de Deus! Como são insondáveis os seus juízos e impenetráveis seus caminhos!" (Rm 11,33). Deus, em si, é mistério inacessível, embora se manifeste na natureza e na história, de acordo com a palavra do salmista que proclama "os céus cantam a glória do Senhor, o firmamento a obra de seus dedos" (Sl 19,2) e confessa "teu caminho passava pelo mar, tua senda pelas águas torrenciais, e ninguém reconheceu tuas pegadas" (77,20). Deus está sempre além da imaginação e dos pensamentos terrenos. Não pode ser procurado e encontrado como uma realidade que pertence ao universo, mas somente "descoberto" como alguém que sobrepuja o ser humano, o envolve e o abraça, estando desde sempre ao seu lado, sem que ele o perceba.

Com a encarnação do Verbo acabou o tempo da procura de Deus às apalpadelas, pois o próprio Deus veio ao nosso encontro e se tornou acessível aos sentidos, ao intelecto, ao coração na pessoa de Jesus, que declara continuamente sua relação especial com o Pai, além de todas as expectativas humanas. Faz isso dizendo: "Eu e o Pai somos um", "o Pai em mim e eu nele" e qualificando-se com a fórmula "Eu sou", com a qual, no Antigo Testamento, Deus se apresenta. Dessa forma, desafia o ambiente religioso no qual vive e revela a singularidade da sua pessoa, reivindicando sua função única para o bem da humanidade.

Procurando interpretar o modo de proceder e de se expressar de Jesus, a comunidade joanina, com o método indutivo, chega à conclusão de que ele não é um simples homem; é muito mais do que o Messias esperado, o profeta prometido por Moisés, ou aquele que recapitula em si todas as figuras escatológicas da espera de Israel, como vários dos seus contemporâneos pensavam. A familiaridade única com Deus, que manifesta em múltiplas ocasiões, realça que ele pertence à esfera divina, é a própria sabedoria eterna do Pai que veio habitar no meio de nós, cuja magnificência sempre brilhou no mundo criado e na vida do povo de Israel. Aliás, é Deus junto do Pai, pois: "No princípio era o Verbo e o Verbo estava com Deus e o Verbo era Deus". Consequência disso, é que, após a crucificação, sua carne não experimentou a corrupção do sepulcro, mas o Pai o ressuscitou, glorificando-o com a glória que tinha antes da criação do mundo, derrotando desse modo a morte e abrindo a todos as portas da vida que permanece para sempre.

Trata-se de afirmações totalmente inesperadas e não condizentes com a cultura judaica na qual nasceram. Elaboram e expressam, porém, os dados da tradição, e são bem alicerçadas na teologia sinótica, na qual, no momento da paixão, Jesus se dirige ao Pai chamando-o de "Abbá" (Mc 14,36); encontram, também, plena correspondência com as perspectivas cristológicas das cartas paulinas, redigidas antes dos evangelhos. O quarto evangelista explicita, assim, com clareza a identidade de Jesus, homem e Deus, reconhecido como tal em todas as composições neotestamentárias. Impõe-se como consequência a necessidade de interpretar, de modo mais aprofundado, o monoteísmo veterotestamentário, porque Deus não está sozinho, mas é amor inexaurível entre pessoas que partilham da mesma natureza divina.

Somente por meio da pessoa histórica de Jesus é possível entrar gradativamente no mistério insondável do Altíssimo que, embora transcendente, excedendo todos os limites da natureza física, todavia está próximo do gênero humano. Com efeito, "Ninguém jamais viu a Deus, o Unigênito de Deus, que está no seio do Pai, este o deu a conhecer" (Jo 1,18).

Toda genuína vida espiritual cristã consiste em andar pelo caminho que o próprio Jesus indicou, sendo ele a única estrada pela qual se chega com segurança ao Pai. É necessário, portanto, interpretar a existência à luz da sua pessoa, reconhecer a beleza da revelação evangélica que alimenta interiormente cada ser, dando-lhe regozijo e liberdade verdadeira, purificando e enobrecendo, ao mesmo tempo, os genuínos valores humanos. Deixando-se conduzir por ele, torna-se possível dar uma resposta às questões básicas que habitam no coração humano, amarrando novamente os fios com aquela dimensão sobrenatural que nos originou, muitas vezes humilhada por uma visão materialista da existência, colocando o proveito pessoal como ideal primário. Os santos, os teólogos e nós simples fiéis de todos os tempos nos oferecem exemplos luminosos a esse respeito.

Ser cristão, então, não significa viver de acordo com uma doutrina que impõe ritos e preceitos, mas, em primeiro lugar, encontrar-se com o Deus vivo – não com o deus dos filósofos – que, por meio de seu Filho, liberta, vivifica, permitindo reencontrar a alegria de existir. Não consiste em colocar em prática orientações morais que, em parte, já se tornaram patrimônio das nossas culturas, mas em acreditar na ação inaudita de Deus que irrompe na história por meio do Verbo que se fez carne para a nossa libertação.

Trata-se de um caminho dinâmico em contínuo movimento, nunca repetitivo, possível em virtude do Espírito Santo, que sustenta cada fiel e lhe proporciona a "inteligência do coração" que implica tanto o esforço do intelecto quanto a intuição do afeto. Não é um itinerário linear, pois acarreta avanços e retrocessos, momentos de entusiasmo e de desânimo, vitórias e derrotas, experimentando, todavia, sempre energias novas, proporcionadas por Jesus ressuscitado, que permitem continuar até chegar ao objetivo final. Inimigo dessa caminhada é considerar o cristianismo como uma visão do mundo ligada ao passado, sem impacto real com a realidade atual, ou como uma doce ilusão que alivia o sofrimento angustiante do ser humano na labuta cotidiana, porque, de fato, a vida é apenas "uma paixão inútil", destinada ao fracasso. É prejudicial à vida cristã também a procura de uma perfeição espiritual pessoal que favorece um subjetivismo desencarnado, como igualmente um voluntarismo desenfreado, incapaz de reconhecer que tudo é dom da misericórdia de Deus.

A comunidade do quarto evangelista convida, portanto, todo cristão e com ele – em linha teórica – toda a humanidade a fazerem uma experiência pessoal de Jesus vivo que continua interpelando cada ser, convidando-o a deixar-se transformar por ele e a participar da vida divina que o Pai quer outorgar a todos por meio da sua pessoa. Com efeito, Jesus, presente nas vicissitudes humanas, também nas mais dramáticas e dolorosas, abre as portas da cidade da glória a todos os que chama de "irmãos" (20,17), para que participem da bem-aventurança eterna, fruto da graça e da bondade de Deus.

Para chegar a esse objetivo, a comunidade joanina apresenta alguns eixos básicos da vida cristã. Em primeiro lugar, afirma a necessidade de uma fé firme em Jesus ressuscitado, ciente de que somente ele é a luz do mundo. Acreditar é uma espécie de sedução que deixa suas marcas indeléveis no coração, dando um sentido pleno à existência, alívio nas provações, estímulo para um compromisso sério em favor dos outros. A fé genuína sempre surpreende, desestabiliza, revoluciona, subordinando a religiosidade natural de cada pessoa à mensagem de Jesus, projetando a existência nas veredas de uma romaria que vai além da cena deste mundo. Nas peripécias da vida, pode se tornar choque, recusa, incompreensão, desejo de não mais se lembrar de Deus, ou de falar em seu nome, embora um fogo ardente continue queimando no coração da pessoa interessada, sem que ela consiga contê-lo (Jr 20,7-9). A mente que discerne e procura a verdade e o coração que, segundo a expressão de Pascal, possui "razões que a razão desconhece", devem dirigir essa caminhada, a fim de que o ser humano possa sair da alienação na qual se encontra e redescobrir a presença de Deus na sua vida, rendendo-lhe homenagem como Criador e reconhecendo seu amor.

O grave perigo dos nossos dias é a rejeição injustificada da mensagem cristã, sem um conhecimento sério do que se rejeita, deixando-se influenciar por modelos de comportamento segundo a moda, que consideram a dimensão religiosa como um assunto pessoal, olhado com frieza quando se manifesta em público. Também a difusão de grupos que valorizam a harmonia física e espiritual, alcançável pelas forças pessoais, desconsiderando a necessidade da graça de Deus, estimula, em particular os jovens, a viverem com certa superficialidade, sem uma referência clara ao transcendente. Essa situação impulsiona cada cristão, no decorrer da sua existência, a fazer um sério discernimento acerca das várias propostas de vida espiritual que lhe são oferecidas, sabendo censurar as que o afastam do caminho do evangelho.

Amar é outro pilar da vida cristã. Colocando o cristão no terreno concreto da existência, o evangelista realça que não é possível amar a Deus sem amar o irmão. De fato, amar não se identifica com um afeto superficial que gratifica a pessoa, confundindo o verdadeiro amor com o gosto pessoal. Significa acolher o próximo com respeito e carinho, assim como ele é, com a sua história, suas provações, suas vitórias, embora no primeiro momento possa aparecer detestável e repugnante. É mister não esquecer que

> o amor é paciente, é benigno; o amor não é invejoso, não trata com leviandade, não se ensoberbece. Não se porta com indecência, não busca os seus interesses, não se irrita, não suspeita mal. Não se alegra com a injustiça, mas se regozija com a verdade. Tudo desculpa, tudo crê, tudo espera, tudo suporta (1Cor 13,4-7).

Amar dessa forma é, no mundo em que vivemos, uma novidade absoluta que encontra sua explicação no fato de que Deus é, em si, plenitude de amor. É ele que proporciona a cada ser a força para viver com generosidade e desinteresse, porque ama as suas criaturas, embora frágeis e pecadoras, renovando-as constantemente com seu perdão e sua misericórdia. Verifica-se, então, que a vida espiritual do cristão deve estar aberta aos outros e que os problemas do mundo devem atingi-lo diretamente, recusando todo fechamento egoísta. No fim de nossas vidas, seremos julgados pelo amor, isto é, pelo nosso esforço de amar e servir Jesus em nossos irmãos necessitados.

Crer e amar não dariam fruto se não houvesse continuidade. Perseverar significa continuar com constância e firmeza no caminho começado, apesar das dificuldades que sempre se encontram. Com efeito, cada empreendimento, tanto no âmbito da vida terrena como da vida espiritual, passa por apertos e angústias que devem ser enfrentadas com tenacidade para alcançar o resultado desejado. O quarto evangelista alerta: "Se fôsseis do mundo, o mundo amaria o que é seu; mas porque não sois do mundo e minha escolha vos separou do mundo, o mundo, por isso, vos odeia" (Jo 15,19). Sem constância e decisão, tudo o que começou com entusiasmo é destinado ao fracasso, com grande prejuízo do fiel, porque o afrouxamento nas coisas de Deus e o esquecimento da dimensão interior da pessoa comprometem seriamente seu equilíbrio, sua paz e sua verdadeira realização.

Por isso, antes de começar a caminhada, é importante lembrar-se das palavras de Jesus:

> Qual de vós, querendo edificar uma torre, não se senta primeiro para calcular as despesas e ponderar se tem com que terminar? Não aconteça que, tendo colocado o alicerce, e não for capaz de acabar, todos os que virem comecem a caçoar dele, dizendo: este homem começou a construir e não pôde acabar. Ou qual o rei que, partindo para a guerra com outro, não se senta primeiro para examinar se com dez mil homens pode confrontar-se com aquele que vem contra ele com vinte mil? Do contrário, enquanto o outro ainda está longe, envia uma embaixada para perguntar as condições de paz. Igualmente, portanto, qualquer de vós, que não renunciar a tudo o que possui, não pode ser meu discípulo (Lc 14,28-33).

Testemunhar, anunciar, evangelizar representam também uma dimensão fundamental da existência cristã. João insiste mais no testemunho que Jesus dá do Pai com o seu ser e agir, comunicando à humanidade o que ele viu e ouviu junto dele. Sua preocupação é mais teológica, procurando esclarecer quem é Jesus e defendê-lo das contestações e dos ataques dos descrentes da sua época, que se identificam com os judeus incrédulos, os quais se recusam a reconhecer no filho de José o Verbo que se fez carne. Afirma, porém, a necessidade de que a comunidade dê a todos o testemunho da sua fé, porque Jesus é "o Salvador do mundo", "vítima de expiação" pelos pecados de todo o mundo (Jo 4,42; 1Jo 2,2). Por isso, no final do evangelho, realça-se a importância da missão universal dos discípulos, consequência necessária do evento pascal, lembrando que ela representa a continuação daquela que o Pai confiou ao Filho (Jo 17,17-19; 20,21).

O trabalho evangelizador é, então, um sinal concreto de que Jesus continua operando na história. A conversão dos samaritanos é o primeiro fruto da seara abundante semeada pela Igreja primitiva. Igualmente os "gregos", isto é, os judeus da diáspora que simbolizam os pagãos, os quais se encontram em Jerusalém pela festa da Páscoa e querem "ver Jesus", tornando-se seus discípulos (Jo 12,20), salientam que a missão terá êxito também entre as nações. O quarto evangelista contribui, assim, com sua perspectiva específica, com os outros autores neotestamentários para manter vivo o espírito missionário da comunidade primitiva, impulsionando-a a sair das suas seguranças e enfrentar mundos desconhecidos com a força de Deus, evangelizando povos e culturas.

Outro aspecto da espiritualidade cristã é a esperança. A vida humana não é um proceder na direção do nada, mas tem um sentido que abrange todos os objetivos parciais que o ser humano é chamado a realizar na sua passagem neste mundo. Com efeito, cada pessoa é destinada ao encontro com Deus, em que haverá sua plena realização, juntamente com a de todos os que receberam o dom da existência. Esperar torna-se, assim, a força propulsora que sustenta o fiel nas vicissitudes da vida.

Trata-se de um elã que não depende do desejo humano de superar dificuldades e conflitos para realizar o sonho de viver para sempre, mas é um dom de Deus que, purificando o coração, lhe permite enxergar a finalidade misteriosa para a qual tudo está caminhando. "Certamente haverá um futuro e a tua esperança não será vã", destaca o sábio (Pr 23,18), concordando com Paulo que afirma: "A esperança não decepciona, porque o amor de Deus foi derramado em nossos corações pelo Espírito Santo que nos foi dado" (Rm 5,3-5).

A experiência da profunda renovação interior, que acompanha o fiel nesta existência, lhe faz perceber qual é o seu verdadeiro destino, dando-lhe a certeza de que a morte é uma passagem que conduz à vida. Entrando na casa do Pai, será transfigurado pelo amor, pois Deus é amor no sentido mais elevado do termo. Será conformado à imagem do próprio Filho, tornando-se filho no Filho (Rm 8,29-30). Animado por essa persuasão, o cristão nunca pode ser verdadeiramente triste na vida, apesar das provações inevitáveis que a existência terrena reserva a todos, pois sabe-se que a cruz é o caminho para a vida (Jo 11,25).

Para terminar, é útil lembrar o que Agostinho escreveu, tendo descoberto o Deus de Jesus Cristo, após ter procurado a verdade no maniqueísmo e na filosofia dos neoplatônicos:

PARA CONCLUIR

Instigado por esses escritos a retornar a mim mesmo, entrei no íntimo do meu coração sob tua guia, e o consegui, porque tu te fizeste meu auxílio (cf. Sl 29,11). Entrei, e com os olhos da alma, acima destes meus olhos e acima da minha própria inteligência, vi uma luz imutável. Não era essa luz vulgar e evidente a todos com os olhos da carne, ou uma luz mais forte do mesmo gênero. Era como se brilhasse muito mais clara e tudo abrangesse com sua grandeza. Não era uma luz como esta, mas totalmente diferente das luzes desta terra. Também não estava acima da minha mente como o óleo sobre a água nem como o céu sobre a terra, mas acima de mim porque ela me fez, e eu abaixo porque foi feito por ela. Quem conhece a verdade conhece esta luz, e quem a conhece, conhece a eternidade. O amor a conhece. Ó eterna verdade, verdadeira caridade e querida eternidade! És o meu Deus, por ti suspiro "dia e noite" (Sl 1,2). Desde que te conheci, tu me elevaste para me fazer ver que havia algo para ser visto, mas que eu era incapaz de ver. Atingiste minha vista enferma com a tua irradiação fulgurante, e eu tremi de amor e de temor. Percebi que estava longe de ti, numa região desconhecida [...]. Eu buscava um meio que me desse forças para gozar de ti, mas não o encontraria, enquanto não aderisse ao "mediador entre Deus e os homens, o homem Cristo Jesus" (1Tm 2,5), que "acima de todas as coisas é o Deus bendito pelos séculos" (Rm 9,5). Ele me chamou e disse: "Eu sou o caminho, a verdade e a vida" (Jo 14,6). Juntou ao meu ser aquele alimento que eu não era capaz de tomar, pois que "o Verbo se fez carne" (1,14). Assim, a tua sabedoria, pela qual criaste o universo, se tornou o leite da nossa infância[1].

É interessante notar que, na sua luta interior entre desejos espirituais e o peso da concupiscência que lhe impedia de ser um homem livre, Agostinho, na casa de campo em Cassicíaco[2], não longe de Milão, escutou da casa vizinha a voz de um moço ou de uma moça que cantava repetidamente: "Toma e lê, toma e lê". Interpretou a cantilena como uma ordem de Deus. Agarrou a Bíblia, e leu a primeira passagem sobre a qual seus olhos pousaram: "Não em orgias e bebedeiras, nem na devassidão e libertinagem, nem nas rixas e ciúmes. Mas revesti-vos do Senhor Jesus Cristo e não procureis satisfazer os desejos da carne"

---
1. AGOSTINHO, *Confissões*, VII, 10,16; 18,24, op. cit., 190; 196-197.
2. IBID., IX, 4, op. cit., 239.

(Rm 13,13-14). Não continuou lendo, porque a luz que entrou no seu coração lhe proporcionou uma plena certeza, dissipando todas as trevas. Foi este um dos momentos mais significativos do seu amadurecimento espiritual.

Oxalá possa cada ser, em determinados momentos da sua existência, em si imprevisíveis, fazer uma experiência semelhante, escutando a voz de Jesus que lhe diz: "Dá-me de beber", ou "Por que choras?", ou ainda: "Vai, teu filho vive". Trata-se do convite do Ressuscitado que o interpela. Escutá-lo significa começar uma aventura abençoada que não tem fim.

BIBLIOGRAFIA

AGOSTINHO. *Comentário aos Salmos*. São Paulo: Paulus, 1997.
——. Comentário do Evangelho de São João. In: *Patrologia Latina*, v. 35.
——. *Confissões*. São Paulo: Paulus, 1997.
——. Sermões. In: *Patrologia Latina*, v. 38.
ATANÁSIO. Discurso sobre a Encarnação do Verbo. In: *Patrologia Grega*, v. 25.
BASÍLIO DE CESAREIA. Tratado sobre o Espírito Santo. In: *Patrologia Grega*, v. 32.
——. *Tratado sobre o Espírito Santo*. São Paulo: Paulus, 1999.
BENTO XVI (Papa). *Encíclica Deus caritas est*. Disponível em: <https://www.vatican.va/content/benedict-xvi/pt/encyclicals/documents/hf_ben-xvi_enc_20051225_deus-caritas-est.html>. Acesso em 06 jul. 2023.
——. *Homilia no Santuário de Nossa Senhora Aparecida*. Disponível em: <https://www.vatican.va/content/benedict-xvi/pt/homilies/2007/documents/hf_ben-xvi_hom_20070513_conference-brazil.html>. Acesso em 06 jul. 2023.
BOAVENTURA. *Itinerário da mente para Deus*. Disponível em: <https://www.academia.edu/search?q=1274__Bonaventura__Itinerarium_Mentis_in_Deum__LT.pdf.html&tab=1&utf8=%E2%9C%93>. Data de acesso: 20 abr. 2023.
BORIELLO, L. L'esperienza. *Teresianum*, v. 52 (2001) 593-611. Disponível em: <https://www.teresianum.net/wp-content/uploads/2016/05/Ter_52_2001-1_2_593-611.pdf>. Data de acesso: 20 abr. 2023.
BROWN, R. E. *Giovanni. Commento al vangelo spirituale*. Assisi: Cittadella, 1979.
——. *La comunità del discepolo prediletto. Luci e ombre nella vita di una chiesa al tempo del Nuovo Testamento*. Assisi: Cittadella, 1982.
——. *Lettere di Giovanni*. Assisi: Cittadella, 1986.

———. *The death of the Messiah*. London: Geoffrey Chapman, 1994.
BUSSCHE, H. van den. *Giovanni. Commento del vangelo spirituale*. Assisi: Cittadella, 1974.
CONCÍLIO VATICANO II. *Constituição pastoral Gaudium et Spes*. Disponível em: <https://www.vatican.va/archive/hist_councils/ii_vatican_council/documents/vat-ii_const_19651207_gaudium-et-spes_po.html>. Acesso em 06 jul. 2023.
CURY, A. J. *Diez leyes para ser feliz. Herramientas para enamorarse de la vida*. Madrid: EDAF, 2003.
DALLE FRATTE, S. *La vita spirituale e le sue dinamiche*. Corso de teologia spirituale. Facoltà Teologica del Triveneto, 2013. Disponível em: <https://pt.scribd.com/document/137145472/La-Vita-Spirituale-e-Le-Sue-Dinamiche-2013-1-Parte>. Data de acesso: 20 abr. 2023.
DODD, C. H. *A Interpretação do quarto Evangelho*. São Paulo: Paulinas, 1977.
FISICHELLA, R. *La Rivelazione. Evento e credibilità. Saggio di teologia fondamentale*. Bologna: Dehoniane, 1988.
FITZMYER, J. A. *Domande su Gesù. Le risposte del Nuovo Testamento*. Brescia: Queriniana, 1987.
FRANCISCO (Papa). *Audiência geral* de 18 de dezembro de 2013. Disponível em: <https://www.vatican.va/content/francesco/pt/audiences/2013/documents/papa-francesco_20131218_udienza-generale.html>. Acesso em 06 jul. 2023.
———. *Audiência geral* de 20 de setembro de 2017. Disponível em: <https://www.vatican.va/content/francesco/pt/audiences/2017/documents/papa-francesco_20170920_udienza-generale.html>. Acesso em 06 jul. 2023.
———. *Exortação apostólica Evangelii Gaudium*. Disponível em: <https://www.vatican.va/content/francesco/pt/apost_exhortations/documents/papa-francesco_esortazione-ap_20131124_evangelii-gaudium.html>. Acesso em 06 jul. 2023. [São Paulo: Loyola, 2013.]
———. *Exortação apostólica Gaudete et exultate*. Disponível em: <https://www.vatican.va/content/francesco/pt/apost_exhortations/documents/papa-francesco_esortazione-ap_20180319_gaudete-et-exsultate.html>. Acesso em 06 jul. 2023. [São Paulo: Loyola, 2018.]
———. *Oitava catequese sobre os dez mandamentos*. Disponível em: <https://www.vatican.va/content/francesco/pt/audiences/2018/documents/papa-francesco_20180912_udienza-generale.html>. Acesso em 06 jul. 2023.
GANNE, P. Aujourd'hui, la béatitude des pauvres. *Bible et vie chrétienne*, v. 37 (1961). Disponível em: <https://www.sermig.org/idee-e-progetti/nuovo-

progetto/articoli/dio-e-povero-perch-e-dono.html>. Data de acesso: 20 abr. 2023.

GARCIA, J. M. La teologia spirituale oggi. Verso una descrizione del suo statuto epistemológico. *Teresianum*, v. 52 (2001) 205-238. Disponível em: <https://www.teresianum.net/wp-content/uploads/2016/05/Ter_52_2001-1_2_205-238.pdf>. Data de acesso: 20 abr. 2023.

GREGÓRIO DE NAZIANZO. Discurso. In: *Patrologia Grega*, v. 45.

GUILLET, J. *Gesù Cristo nel vangelo di Giovanni*. Roma: Borla, 1993.

JEREMIAS, J. *Abba. El mensaje central del Nuevo Testamento*. Salamanca: Sígueme, 1982.

LÉON-DUFOUR, X. *Leitura do Evangelho segundo João*. São Paulo: Loyola, 1996. 4 v.

MAGGIONI, B. La mistica di Giovanni evangelista. In: ANCILLI, E.; PAPAROZZI, M. (org.). *La Mistica. Fenomenologia e riflessione teologica*. Roma: Città Nuova, 1984, 223-250.

———. O Evangelho de João. In: FABRIS, R.; MAGGIONI, B. *Os Evangelhos*. v. II. São Paulo: Loyola, 1992, 249-497.

MANICARDI, L. *Per una grammatica della vita spirituale cristiana*, Convegno Nazionale ACLI, Bose, 14 fev. 2020. Disponível em: <https://www.alzogliocchiversoilcielo.com/2020/02/luciano-manicardi-per-una-grammatica.html>. Data de acesso: 20 abr. 2023.

MARTINI, C. M. *Brani di difficile interpretazione della Bibbia XVII, Gv 1,1: In principio era il verbo da il Vangelo secondo Giovanni*. Disponível em: <http://www.gliscritti.it/approf/2005/papers/martini01.htm>. Data de acesso: 20 abr. 2023.

MARZOTTO, D. *L'unità degli uomini nel Vangelo di Giovanni*. Brescia: Paideia, 1977.

MCCAFFREY, J. *The House with many Rooms. The Temple theme of Jn. 14,2-3*. Roma: Pontificio Istituto Biblico, 1988.

MOIOLI, G. *L'esperienza spirituale. Lezioni introduttive*. Milano: Glossa, 1992.

———. Sapere teologico e sapere proprio del cristiano, Note per un capitolo di storia della letteratura spirituale e della teologia. *La Scuola Cattolica* v. 106 (1978) 569-596.

———. Spiritualità fede, teologia. *Teologia* v. 9 (1984) 117-129.

OEPKE, A. Parousia. In: *Grande lessico del Nuovo Testamento*, v. IX. Brescia: Paideia, 1974, 839-878.

PEDRO CRISÓLOGO. Sermão 147. In: *Patrologia Latina*, v. 52.

PHILO ALEXANDRINUS [FÍLON]. *De opificio mundi*. Paris: Cerf, 1961.

———. *De fuga et inventione*. Paris: Cerf, 1970.

POTTERIE, I. de la. L'amore di Dio Padre fonte dell'amore per i figli di Dio. *Parola, Spirito e Vita*, v. 11 (1985) 195-216.

———. Vocabolario spaziale e simbolismo cristologico in San Giovanni. In: PADOVESE, L. (org.). *Atti del III Simposio di Efeso su S. Giovanni Apostolo*, Roma: Istituto Francescano di Spiritualità e Pontificio Ateneo Antoniano, 1993.

RATZINGER, J. *Dogma e anúncio*. São Paulo: Loyola, ²2008.

RIZZI, A. *Cristo verità dell'uomo. Saggio di cristologia fenomenologica*. Roma: AVE, 1972.

ROSSI DE GASPERIS, F.; CARFAGNA, A. *Prendi il libro e mangia*, v. II: *Dai Giudici alla fine del Regno*. Bologna: Dehoniane, 1999.

SCALAMERA, M. L. *Dio è povero perché è dono*. Disponível em: <https://www.sermig.org/idee-e-progetti/nuovo-progetto/articoli/dio-e-povero-perche-dono.html>. Data de acesso: 20 abr. 2023.

SCHMITZ, E. D. Conoscenza, esperienza. In: *Dizionario dei concetti biblici del Nuovo Testamento*. Bologna: Dehoniane, 1976, 343-359.

SCHNACKENBURG, R. *Il Vangelo di Giovanni*. Brescia: Paideia, 1971-1981. 3 v.

SCHNEIDER, J. Érchomai. In: *Grande lessico del Nuovo Testamento*. v. III. Brescia: Paideia, 1967, 913-964.

STERCAL, C. Storia e teologia della spiritualità nella riflessione di Giovanni Moioli. *Teologia* v. 24 (1999) 72-88.

TOMÁS DE AQUINO. *Suma teológica* I. São Paulo: Loyola, 2001.

TRAETS, C. *Voir Jésus et le Père en lui selon l'Évangile de Saint Jean*. Roma: Pontificia Università Gregoriana, 1967.

VARILLON, F. *Gioia di credere, gioia di vivere. Il mistero di Cristo, rivelazione di Dio amore, proposta di vita nuova*. Bologna: Dehoniane, 1984.

———. *L'umiltà di Dio*. Bose-Magnano (Biella): Qiqajon, 1999.

WIÉNER, C., Amore. In: *Dizionario di teologia biblica*. Torino: Marietti, 1976, 37-47.

ZEVINI, G. L'esperienza di Dio nel Prologo della prima lettera di Giovanni (1Gv 1,1-4). *Parole, Spirito e Vita*, v. 30 (1994) 195-214.

ÍNDICE DOS AUTORES

Agostinho 12, 25, 29, 32, 77, 83, 84, 123, 129, 143, 158, 159
Atanásio 35

Basílio de Cesareia 148
Baur, F. C. 25
Bento XVI (Papa) 80, 81, 129
Boaventura 85, 86
Borriello, L. 10, 11
Bultmann, R. 25

Carfagna, A. 93
Cirilo de Alexandria 124
Concílio Vaticano II 151, 152
Cury, A. J. 114

Dalle Fratte, S. 12

Fabris, R. 39
Fílon 28
Fisichella, R. 62
Fitzmyer, J. A. 38
Francisco (Papa) 31, 109, 113, 152

Garcia, J. M. 10
Gregório de Nazianzo 29, 30

Guillet, J. 32

Harnack, A. 25

Jeremias, J. 37, 39, 45, 73, 120, 132
Jerônimo 123

Leibniz, G. 73
Léon-Dufour, X. 21, 27, 28, 30, 33, 46, 54, 56, 57, 71, 102, 107, 113, 114, 124, 133, 135, 140, 142, 143

Maggioni, B. 32, 39, 76, 100, 133
Manicardi, L. 18
McCaffrey, J. 139, 141
Moioli, G. 11

Oepke, A. 151

Padovese, L. 19
Pasquetto, V. 145
Pedro Crisólogo 29, 67
Potterie, I. de la 19, 82

Ratzinger, J. 12, 61
Reimarus, H. S. 25

Rizzi, A. 96
Rossi de Gasperis, F. 93

Schmitz, E. D. 10
Schneider, J. 141
Stein, E. 135
Stercal, C. 11
Strauss, D. F. 25

Tomás de Aquino 110

Varillon, F. 74

Weisse, C. H. 37
Wiéner, C. 76
Wilke, C. G. 37

ÍNDICE ANALÍTICO

Abbá 37, 39, 154
Acolher 75, 100, 113, 124, 156
Acreditar 41-44, 49, 57-62, 64, 66, 70, 124, 134, 135, 155
Água 11, 20, 43, 47, 49-52, 55, 64, 65, 117, 129, 159
Alegria 10, 13, 49, 50, 54, 93, 95, 107-109, 116, 123, 138, 150, 155
Aliança 29, 30, 34, 45, 49, 51, 76-79, 100, 113, 119, 130
Amar 63, 69, 73, 76-78, 80-83, 85, 86, 90, 102, 103, 113, 136, 145, 150, 156, 157
Amigo 16, 17, 67, 92, 103, 105, 109, 134, 149
Amor 9, 13, 16, 17, 28, 30-32, 45, 46, 66, 67, 69-91, 93, 99-103, 106-108, 112-114, 117, 118, 121, 133, 136, 137, 139-141, 144, 145, 149, 150, 152, 154, 156, 158, 159
Atração 44-46, 104, 129
Autoridade 17-19, 33, 37, 55, 59, 116

Barco 25, 97, 123
Blasfêmia 21, 23, 127

Caminho 9, 10, 15, 17, 21, 23, 35, 40-42, 44, 49, 51, 52, 56, 64, 67, 78-80, 85, 86, 89-91, 93, 97, 110, 120, 121, 131, 136, 142, 143, 149, 153-159
Carne 19, 28-30, 32-34, 39, 40, 47, 48, 57, 58, 64, 73, 85, 99, 112, 122, 131-134, 143, 144, 146, 154, 155, 157, 159
Casa 19, 44, 75, 89, 112, 113, 139-143, 150, 151, 158, 159
Ceifeiro 125
Ceticismo 16
Cisma 93
Condenação 65, 71, 136, 137
Confiança 17, 39, 41, 53, 92, 103, 144, 145, 151
Conhecer 9, 21, 23, 34, 40, 46, 70, 84, 85, 87, 92, 94, 97, 104, 110, 133, 143, 154
Conversão 17, 35, 42, 51, 53, 56, 91, 107, 109, 114, 118-120, 125, 158
Cruz 9, 15, 17, 26, 38, 45, 56-59, 71, 72, 76, 78, 87, 88, 92, 96, 108, 114, 115, 121, 133, 141, 142, 144, 149, 158

SE ALGUÉM TIVER SEDE, VENHA A MIM E BEBA (Jo 7,37)

Cultura 9, 11-13, 26, 29, 43, 48, 65, 66, 77, 108, 112, 129, 154

Defesa 15, 126, 127
Deus 9, 11-13, 15-41, 43-59, 61-67, 69-94, 96-114, 117-121, 123-125, 127-129, 131-151, 153-159
Discípulo 26, 37, 56, 60, 61, 69, 83, 86, 87, 93, 98, 100, 106, 107, 146, 150, 157
Divindade 25, 27, 28, 30, 73

Encontro 9, 11, 13, 16, 41-43, 49, 51, 54, 64, 65, 98, 103, 109, 117, 120, 125, 126, 132, 135-137, 140, 141, 143, 149, 151, 153, 158
Enviar 124
Escatologia 32, 90, 149
Escutar 15, 43, 105, 109, 142
Esperar 96, 132, 158
Espírito 10, 11, 16, 24, 31, 32, 36, 40, 43, 45, 47-49, 52, 53, 58, 64, 65, 72, 74-76, 81, 82, 86, 90, 93, 95, 97, 100, 101, 104, 106, 107, 109, 110, 112, 114, 117, 118, 120, 122, 124, 127, 128, 134, 136, 142, 144, 145, 147, 148, 151, 155, 158
Estar 24, 36, 43, 84, 112, 113, 116, 138, 145, 156
Eu sou 23-27, 77, 124, 132-134, 143, 144, 153, 159
Experiência 9-11, 13, 16, 21, 24, 27, 31, 40, 41, 43, 48, 53, 57, 60-62, 64, 65, 70, 72, 73, 76, 80, 86, 87, 90, 95, 97, 98, 108-110, 117, 129, 145, 147, 149, 155, 158, 160

Filho 9, 19, 22, 23, 25, 26, 32, 33, 35, 36, 38, 41, 44-46, 49, 51, 53-59, 62, 65, 67, 69-72, 74-76, 78, 81, 83, 90-92, 94-97, 100-102, 106, 107, 113, 117, 122, 123, 132, 134-137, 142, 144-147, 149, 154, 157, 158, 160
Filho de Deus 26, 38, 41, 59, 92, 102, 136, 144
Filho do homem 56-58, 65, 95-97, 102, 132, 134
Filiação 28, 34, 145, 146
Fome 43, 63, 64, 121
Fonte Q 37
Fruto 10, 12, 37, 61, 62, 70-73, 76, 85, 87, 90, 97-99, 101, 106, 108, 110, 116, 121, 122, 124-126, 133, 134, 137, 138, 151, 155, 157, 158

Geração 34, 46, 47, 73, 75, 145, 147, 151
Glória 13, 21, 30-32, 39, 40, 51, 53, 55, 66, 74, 88-90, 94, 96, 114, 116, 121, 134, 138, 140, 141, 148-151, 153-155
Graça 20, 30, 32-34, 43, 44, 53, 86, 100, 102, 114, 120, 121, 134, 135, 138, 142, 152, 155, 156

Incredulidade 27, 42, 66, 118, 126, 128
Interpretação 11, 13, 33, 37, 39, 55, 57, 59, 92, 96, 132, 150
Intimidade 17, 19, 21-23, 29, 37, 74, 90, 97, 102, 106, 139
Ir 16, 19, 43, 66, 108, 134, 141-143
Irmão 45, 59, 81-83, 98, 156

Judaísmo 42, 92, 126, 129, 137
Julgamento 63, 103, 118, 135, 136

ÍNDICE ANALÍTICO

Liberdade 44, 60, 88, 104, 110-113, 115, 137, 146, 151, 154

Luz 9-11, 23, 24, 26, 27, 29-32, 34, 36-40, 43, 46, 48, 49, 54, 56-59, 62, 63, 65-67, 70, 72, 76, 78, 85, 87, 89, 92, 95, 97, 98, 107, 110, 117, 123, 132, 133, 145-147, 154, 155, 159, 160

Maligno 66, 100, 104, 105, 114, 118, 121, 146

Mandamento 76-79, 81, 104, 152

Mandato 78, 83, 84, 115, 116, 118, 119, 126

Messias 26, 27, 38, 41, 51, 53, 93, 96-98, 113, 126-128, 133, 139, 153

Missão 19, 27, 71, 91, 106, 108, 115-126, 157, 158

Moisés 17, 24, 29, 33, 40, 55-57, 78, 92, 112, 120, 149, 153

Monoteísmo 28, 31, 154

Morada 35, 86, 113, 121, 140, 142

Morte 9, 12, 16, 17, 26, 29, 34, 38, 51, 54, 57-63, 65, 70, 71, 76, 86, 88, 95-97, 99, 109, 112, 114, 116, 117, 119, 121-123, 128, 131, 133-138, 140-142, 149, 150, 154, 158

Mundo 9, 10, 12, 13, 18, 22, 23, 25-29, 31-33, 36, 37, 41, 42, 44-47, 49, 51, 55-59, 61-63, 66, 67, 70-72, 77, 80, 82, 88-91, 93, 99, 100, 102, 104, 106, 108-115, 117-126, 128, 129, 131-140, 142-148, 151, 152, 154-158

Narcisismo 73

Nascer 144, 148

Nome 13, 17-19, 24, 27, 33, 39, 41, 48, 54, 55, 58, 65, 87-89, 91, 106, 107, 122, 124, 135, 147, 149, 155

Obra 20, 26, 40, 41, 52, 69, 73, 91, 99, 101, 113, 115, 120, 124-126, 133, 142, 144, 150, 153

Ódio 145, 146

Oração 22, 37, 40, 87, 89-91, 94, 105-107, 109

Ordenar 80

Ouvir 63, 88, 149

Pai 10, 17-24, 28-30, 32, 33, 35-40, 44-46, 48, 49, 54, 55, 57-60, 65, 69-72, 74-76, 78, 79, 81, 86-92, 94, 96-98, 100-103, 105-108, 110, 112-122, 124, 125, 128, 133-135, 137, 139-155, 157, 158

Palavra 9-11, 15, 16, 18, 20, 22, 24, 28-34, 36, 37, 40-47, 49-56, 58, 59, 63, 66, 70, 71, 78-80, 86, 87, 89, 91, 95-101, 103, 105, 110, 112-114, 116, 119, 120, 124, 125, 129, 131, 132, 134, 135, 139, 140, 142, 146, 150, 151, 153

Partida 48, 140

Parusia 151

Pastor 23, 48, 88, 94

Paz 92, 108, 109, 112-114, 116, 119, 129, 131, 139, 145, 152, 157

Pecado 26, 55, 56, 73, 74, 94, 104, 105, 109, 111-114, 118, 120, 128, 131-134, 137

Perdoar 118

Perfeição 24, 30, 33, 77, 81, 102, 103, 150, 155

SE ALGUÉM TIVER SEDE, VENHA A MIM E BEBA (Jo 7,37)

Permanecer 30, 40, 57, 64, 95-100, 102, 104, 105, 108-110, 113, 117, 145, 150
Positivismo 129
Procurar 15, 16, 41, 43, 85, 106, 110, 120
Profeta 16, 19, 26, 45, 50, 52, 56, 88, 92, 120, 129, 132, 153
Próximo 25, 29, 45, 76, 77, 80-83, 85, 87, 89, 103, 113, 151, 154, 156
Purificação 16, 36, 49, 50, 61, 80, 101, 149

Rebanho 71, 84, 88, 94
Redação 35, 36, 38, 55, 59, 61, 115
Ressurreição 22, 23, 26, 34, 36, 39, 51, 58-62, 65, 86, 108, 116, 117, 132-134, 136, 137, 141, 148
Retorno 59, 140

Sabedoria 16, 23, 24, 28, 30, 33, 34, 57, 64, 66, 80, 110, 111, 133, 153, 159
Saber 15, 30, 64, 82, 97, 109, 112, 134, 143
Salvador 9, 26, 36, 42, 44, 51, 58, 86, 116, 119, 132, 133, 136, 157
Santificação 33, 89, 119-121
Santo 10, 27, 31, 36, 47, 48, 52, 53, 58, 65, 72, 74, 76, 77, 86, 89, 93, 101, 107, 109, 117, 120, 121, 124, 127, 138, 142, 146, 148, 151, 155, 158
Sede 12, 43, 51, 52, 63, 64, 109, 120, 121, 129
Seguir 16, 78, 106, 134, 141, 143, 148, 150
Semeador 125, 126

Semelhante 22, 35, 43, 45, 92, 99, 119, 144, 147, 149, 160
Sinal 11, 12, 22, 50, 51, 53, 56, 58, 72, 76, 80, 87, 91, 93, 95, 96, 114, 122, 128, 134, 150, 158

Temor 103, 149, 159
Templo 16, 20, 23, 36, 39, 52, 54, 87, 92, 132, 139
Tenda 28, 30-32, 59, 64, 138
Testemunhar 126, 127, 157
Trabalhar 43, 57, 107, 125, 148
Tradição 9, 11, 36-39, 50, 59, 79, 92, 97, 116, 118, 124, 128, 139, 150, 154
Transcendência 23-25, 35
Túmulo 15, 60, 134

União 20, 22, 38, 87, 88, 90-93, 102, 107, 124, 134
Unidade 22, 23, 73, 80, 87-94, 96, 124, 146
Unigênito 28, 29, 32, 36, 39, 40, 70, 71, 102, 135, 149, 154
Uno 74, 148

Vento 25, 47, 81
Ver 21, 22, 31, 40, 43, 45, 46, 51, 56, 57, 60-62, 83, 94, 97, 108, 113, 116, 138, 144, 145, 148-150, 158, 159
Verbo 21-23, 28-32, 34, 35, 39-42, 45, 54, 56, 57, 59-66, 69-73, 78, 79, 81, 83, 85, 88-90, 96-98, 101, 106-108, 112-114, 116-118, 120, 121, 126-128, 133, 142-144, 146, 147, 149, 150, 153-155, 157, 159
Verdade 10, 11, 22, 24, 25, 30, 32, 33, 37, 47, 48, 49, 52, 53, 55, 56, 59,

64-66, 73, 74, 79, 81-83, 86, 93,
105, 108-111, 119-122, 124, 128,
129, 135, 136, 143, 144, 150, 152,
156, 158, 159
Vida eterna 43, 52, 57, 58, 65, 70, 125,
135-137, 150
Vinho 49, 50, 129
Vir 26, 27, 44, 52, 57, 59, 61, 64, 66,
116, 128, 135, 142

Viver 17, 18, 20, 34, 43, 54, 62, 63, 65,
66, 73, 78, 80, 85, 93, 95, 96, 98,
100, 104, 106, 109-112, 114, 117,
119, 120, 130, 131, 133, 134, 137,
138, 143, 146, 154, 156, 158
Vontade 10, 18, 20, 21, 34, 43, 45, 50,
56, 65, 71, 73, 77, 78, 84, 86, 91,
94, 102, 106, 107, 120, 121, 125,
137, 143

Edições Loyola

editoração impressão acabamento
Rua 1822 n° 341 – Ipiranga
04216-000 São Paulo, SP
T 55 11 3385 8500/8501, 2063 4275
www.loyola.com.br